Daniel Schorn

Von der Begrenztheit des Lebens

AF216531

Bibliografische Information der Deutschen Nationalbibliothek:
Die Deutsche Nationalbibliothek verzeichnet diese Publikation
in der Deutschen Nationalbibliografie; detaillierte
bibliografische Daten sind im Internet über dnb.dnb.de
abrufbar.

Herstellung und Verlag: BoD – Books on Demand, Norderstedt

ISBN: 9783748147497

Daniel Schorn

Von der Begrenztheit des Lebens

.

I

Wie oft trafen wir nicht alle schon auf Menschen, die bedauernswerten Blickes und aus tiefster Überzeugung über die angebliche Kürze ihres eigenen Lebens geklagt haben? Nebst Enttäuschung, Unsicherheit und Trauer ist okkasionell gar eine ehrliche Verzweiflung des Wehklagenden spürbar, welcher als verirrter Wanderer auf den verwinkelten Pfaden des Lebens über den Sinn seiner, mindestens körperlich definitiv endlichen Existenz, schwadroniert. Die Menschen verfallen in ihren zumeist unbekannten, vor allem aber unerfüllten Forderungen an das von ihnen ersehnte Leben nicht selten in einen tiefen Trübsinn – besonders in solchen Momenten, in denen sie sich selbst vollen Bewusstseins der eigenen Endlichkeit gewahr werden. Gedenken sie, ganz in ihre Gedanken versunken, einst getroffenen Entscheidungen, so verfallen sie nicht nur in eine von einem romantisch-nostalgischen Hauch umgebene, melancholische Stimmung, sondern zugleich in einen Zustand der Reue aufgrund jenen, retrospektiv als falsch erachteten Entscheidungen samt denen durch sie verursachten Auswirkungen – und mögen ihre Gedanken, durch diese Unzufriedenheit und Zweifel getrübt, sich durch die Hinwendung zu erlebten Momenten schönster Beschaffenheit zu beruhigen versuchen, so lassen sie die Menschen sich zugleich schluchzend an die zu diesen Erinnerungen mittlerweile bestehende Distanz erinnern, welche ihnen in ihrer derzeitigen Unzufriedenheit und in ihrem Wunsch nach dem Wiederaufleben, nach der Renaissance von diesem Teil ihrer Vergangenheit, voller Tragik die Tränen in die Augen treiben. Resultierend aus der so selten vorgenommenen, bewussten Überlegung des eigenen, insbesondere des alltäglichen – zur Gewohnheit gewordenen – Handelns und des eigenen Willens im Leben, sprechen sie voller Unsicherheit und Verzweiflung über die beste Verwendung der ihnen sich selbst in aller Naivität prognostizierten, definitiv aber in ungewissem Maße noch gegebenen Zeit, von der sie in diesem Moment ihrer Überlegungen wissen, dass sie ihnen mit jeder verstrichenen Sekunde vergeht.

Diese bewusste Betrachtung der definitiven zeitlichen Begrenztheit des eigenen, mindestens stofflichen, Lebens lässt die Menschen in ihrer erfolglosen Selbstbefragung nach der bestmöglichen Gestaltung ihrer Zeit in Orientierungslosigkeit taumelnd verzweifeln und macht die idealistischen Naturen unter ihnen anfällig für allerlei Suggestionen, welche sie aus ihrer scheinbar ausweglosen Situation oder gar vor ihrem menschlichen Schicksal zu erretten beziehungsweise zu bewahren versprechen. Die Forderung nach einer Ausdehnung des Lebens ist, wie die mit ihr verbundenen Unbesonnenheit, allgegenwärtig. Müssten solche klagenden Geister nun aber Rechenschaft darüber ablegen, wie sie die von ihnen in aller Selbstverständlichkeit ersehnte zusätzliche Zeit denn verbringen würden, wäre die Antwort aller Wahrscheinlichkeit nach in Form eines kollektiven Schweigens und eines zunächst ratlosen, introvertierten sich-befragens zu vernehmen, da sie in diesem Augenblick, durch diese sich selbst nie gestellte Frage völlig verwundert, über das als selbstverständlich Empfundene nachzudenken begännen: dem Leben als Selbstzweck mit dem Wunsch nach bloßer Existenz und dem reinen Willen zur Bewahrung des ihnen bekannten Zustandes. Wie eine Pflanze, welche ein Dasein ohne tiefergehenden Sinn und Zweck fristet, will der unbesonnene Mensch sich der Natur sowie seinem Schicksale widersetzen und nur Leben um des Lebens willen und verfehlt dabei, wie er als Mensch sein sollte. Gleich der unabänderlich vergangenen Zeit, welche ohne jede Besonnenheit verwendet wurde, wünscht er sich im Präsenz lediglich die ihm in seiner Vergangenheit bereits vorhanden gewesene Voraussetzung, ohne weiterhin, ebenfalls zu seiner Vergangenheit analog, ein Ziel zu kennen, für dessen Erreichung er die Ausdehnung seines Lebens ersehnt; die Folge eines längeren Lebens in solcher Orientierungslosigkeit wäre letztlich also nur noch mehr unbesonnen verbrachte Zeit. Er beabsichtigt nicht zu Werden, sondern bloß zu Sein – und im schlimmsten Falle so, wie er bislang gewesen ist, ohne zu bemerken, dass in seinem Verhältnis zur Zeit der Grund dafür liegt, dass er die Gewährung von zusätzlicher Lebenszeit nun als notwendige Voraussetzung für die Erlangung der eigenen Ruhe und Glückseligkeit betrachtet.

Nach reiflicher Überlegung würden uns auf unsere Frage wohl allerdings mannigfache Antworten in Form von Vorhaben und Handlungen gegeben werden, welche einzig aus dem Grunde einer zusätzlichen Zeitspanne des Lebens bedürfen, da die bislang vergangene Zeit desselben ohne die notwendige Besonnenheit verwendet wurde. Verschiedenartigste Versuche der Menschen führten zu der heute allgemein verbreiteten Einsicht, dass wir unserem Leben in nur sehr begrenztem Umfange mehr Tage geben können, wohl sind wir aber, spätestens ab dem Eintritt der eigenen Mündigkeit, allein Kraft unseres Willens dazu fähig, unseren Tagen mehr Leben zu schenken. Die Geschichte lehrt uns, dass eine durchschnittliche – in der Vergangenheit im Vergleich zu der heutigen Lebenserwartung notabene wesentlich kürzere – Lebenszeit ausreichen kann, um die größten Taten zu vollbringen, wenn dieselbe denn nur gut verwendet und nicht in aller Unbesonnenheit und Verschwendungssucht vergeudet wird. Die von den meisten Menschen erwartete und sich in den meisten Fällen auch präterpropter als zutreffend erweisende Prognose der eigenen Lebenserwartung zeigt, dass das Leben an sich, jedenfalls im Hinblick auf die in ihm möglichen Dinge, keine kurze Zeitspanne darstellt – dies ist lediglich die subjektive Empfindung, welche resümierend im Menschen entsteht, sollte er sich der Begrenzung des eigenen körperlichen Seins, etwa durch plötzliche, auswirkungsreiche Ereignisse, gewahr werden und daraus resultierend feststellen, seine ihm bislang nimmer endend scheinende Zeit unbedacht verwendet zu haben und noch im Besitz stets vertagter Ziele zu sein, für welche ihm nun die Zeit entronnen zu sein scheint; ihm war nicht wenig Zeit gegeben, sondern er vergeudete schlichtweg einen erheblichen Teil derselben und unterlag somit zweierlei Täuschungen, nämlich erstens, dass ihm für seine Ziele gewiss noch viel Zeit beschieden sein wird und zweitens, dass er diese im aktuellen Moment nicht hat. Sobald die Unbesonnenheit die Oberhand über die Handlungen übernimmt oder gar als Alleinherrscher einziger Lenker derselben wird, ein Leben in Genusssucht und Nachlässigkeit zerrinnt und es dem Menschen zur unhinterfragten Gewohnheit geworden ist, die Erdentage für nichts Unendliches oder mindestens Beständiges zu gebrauchen, so realisiert er meist erst unter dem Druck seines absehbaren Endes die Grenzen seiner materiellen Existenz oder, treffender formuliert, seine eigene Endlichkeit. Die Erfahrung zeigt uns, dass weder eine unsichere Gemütsverfassung noch die Realisation von Verfehlungen der Vergangenheit den meisten Menschen Anlass dazu geben, grundlegend an der, von ihnen meist bereits in großer Naivität geplanten Zukunft, zweifeln zu lassen; richten sie ihre Gedanken auf ihre seit langer Zeit unerfüllten Wünsche, deren geplante Erfüllung sie schon seit geraumer Zeit in die ihnen faktisch ungewisse Zukunft immer wieder hinausschieben, so sind sie dennoch der festen Überzeugung, dass sie sich ihnen, völlig ungeachtet ihres Lebensalters, definitiv noch erfüllen werden. Dieses lügenhafte Versprechen an sich selbst mag sie zwar, solange sie es sich selbst noch glauben können, mit einer gewissen, positiven Erwartungshaltung in die Zukunft blicken lassen – sobald ihnen von dieser aber nur noch ein geringer – aber dafür mit mannigfachen Wünschen und Vorsätzen angefüllter – Teil beschieden ist, werden sie nicht nur ihrer Zukunft skeptisch sowie ohne jede Leidenschaft und Lebensdrang entgegensehen, sondern ebenfalls voller Verdruss und Reue in ihre Vergangenheit blicken, deren Zeit sie so wenig zu nutzen verstanden. Einzig in der frühen Besonnenheit liegt für den Menschen die Möglichkeit, sich einst vor Vorwürfen an sich selbst zu bewahren.

II

Die Zeit ist ein ungeheures Gut, welches von vielen – besonders in der Unbeschwertheit ihrer Jugend – nicht als solches angesehen und entsprechend geachtet wird. Das Leben des Menschen kann in drei Zeiten gegliedert werden, an welche er im Gegensatz zum Tiere stets zu denken in der Lage ist: seine immer länger werdende Vergangenheit, den in dieser Sekunde schon wieder zur Vergangenheit gewordenen gegenwärtigen Augenblick und seine immer kürzer werdende, ungewisse Zukunft. Wer in seiner Vergangenheit stets bewusst und wohldurchdacht handelte, wird sich an diese seine individuelle Geschichte samt aller sie prägenden und ausmachenden Erlebnisse gern frei von jeglichen Gedanken der Reue zurückerinnern, da er stets nach bestem Wissen und Gewissen handelte. Die Vergangenheit ist eine starre Erinnerung, welche sich zwar mit dem Verstreichen einer jeden Sekunde – subjektivistisch mehr oder minder belangvoll – stetig erweitert, in ihrer Beschaffenheit jedoch unabänderlich ist. Eine Vergangenheit kann für die bewusste Bestreitung der Zukunft die nötige Schubkraft liefern, indem sie, ganz gleich, welches Verhältnis von Positivitäten und Negativitäten sie prägt, den Wandervogel in der Zukunft auf die richtigen, schönsten Pfade zu führen vermag. Wer alles unter ständiger eigener Kontrolle und reiflicher Überlegung tat, wird sich und somit seinen in der Vergangenheit getroffenen Entscheidungen samt ihren Wirkungen nichts vorzuwerfen wissen. Welche Auswirkungen und Effekte letztlich durch sein Handeln auch hervorgerufen wurden, so sind dieselben einzig als Produkte seines besonnenen Geistes zu betrachten, welcher ihn die vergangenen Handlungen unter Zuhilfenahme seines gesamten Wissens und unter Beachtung der ihm innewohnenden Vernunft in dieser Art vollführen ließ. Das menschliche Leben kann gleich einem Museum gedacht werden, dessen vielfältige, mit Reminiszenzen gefüllte Räume der Besitzer selbst von Zeit zu Zeit gerne durchwandelt, um in seinem Geiste die Freuden der Vergangenheit für einen kurzen Moment wiederzubeleben, sofern diese Räume von guter Beschaffenheit und mit schönen Dingen geschmückt sind. Wurden jene jedoch ohne Besonnenheit errichtet und beherbergen sie resümierend betrachtet einzig Abbilder vergangener, jedoch bis in die heutige Zeit reichender Ängste und Schrecken, so ist dieses höchst individuelle, private Gebäude gleich dem Leben des sie Durchstreifenden in höchstem Grade einsturzgefährdet. Eine – mindestens subjektiv – schreckliche Vergangenheit gepaart mit der Unfähigkeit, derselben zu trotzen und aus ihr individuelle Maximen für die eigene Zukunft ableiten zu können, ist nicht selten die Ursache dafür, dass ein Mensch wie ein vermoderter Kahn an einer Felsklippe im Kern zerspringt und dass ihm seine individuelle Vergangenheit zur Ursache seiner eigenen schleichenden, grässlichen Verendung wird. Seine geringe vorhandene Kraft lässt ihn an seiner Vergangenheit wie an einem blutigen Riss im Herzen langsam verbluten und keine Möglichkeit finden, sich von dieser ewig scheinenden Verletzung mithilfe eigener, geistig-mentaler Medizin zu heilen, da er es nicht vermag, aus seinen vergangenen Erfahrungen die Lehren für eine gelungene Zukunft zu ziehen. Das zeitige Voranschreiten eines Lebens ist kontinuierlich und kann weder gestoppt oder gar umgekehrt werden, wohl können aber aus den Erfahrungen der Vergangenheit der Gegenwart und der Zukunft dienliche Analogien gezogen werden. Die Gegenwart existiert bloß in dem Augenblick, indem sie schon wieder verfliegt, um sich als unabänderliches Fragment der Vergangenheit anzufügen. Sie ist Stück Zukunft, welches schon bald ein Teil der Vergangenheit wird sowie außerdem eine Zeit, welche oft der fernen Zukunft Willen zerstört wird – wie oft wünscht sich der Mensch nicht in seiner Ungeduld, dass ihm die Zeit bis zu einem von ihm sehnlichst erwarteten Ereignis subjektiv schneller vergehen möge, ohne dabei zu bemerken, dass er sich dadurch seine Gegenwart bis zu dem Eintreffen des von ihm ersehnten Moments in ein Jammertal verwandelt. Ihm sind die Tage vor und zwischen seinen erfüllten Begierden verhasst; er vermag nicht zu erkennen, dass er seine Fähigkeit zum Glück längst derart reduziert und an Voraussetzungen gekettet hat, dass er einem Tage an sich – und möge derselbe auch frei von als Bürde empfundenen Verpflichtungen sein – kein Glück abgewinnen kann. Er verdirbt sich die Tage für die Nächte und bangt in den Nächten vor den nächsten Tagen, die ihn noch von dem von ihm begehrten Zeitpunkt trennen, während er sich durch dieses seine Verhältnis zur Zeit nicht nur seine Gegenwart, sondern letzten Endes auch seine Zukunft und damit sein Leben verdirbt. Gleich einem Reisenden, der sich durch seinen Starrsinn und seine sture Fixiertheit auf das von ihm verfolgte Ziel jede Reise in eine Tortur verwandelt und derselben trotz ihres reichen und wunderschönen Pfades höchstens Negativitäten, die ihm seine Reise erschweren, abgewinnen kann, wird der sich in starrer Erwartung Befindende niemals in der Lage sein, die Zeit bis zu dem von ihm herbeigesehnten Ereignis trotz ihrer eigentlichen Schönheit als etwas Angenehmes zu empfinden. Während der Reisende die Schönheit der von ihm bereisten Wege durch seinen starrsinnigen, fokussierten Blick nicht zu erkennen vermag, raubt der Wartende in seiner ständigen, auf die Zukunft gerichteten Erwartungshaltung, der ihm gegebenen Zeit jegliche Möglichkeit, ihm zuträglich zu sein und als angenehmes sowie erinnerungswürdiges Fragment sein individuelles Mosaik der Vergangenheit positiv zu erweitern. Ein Leben, welches ganz auf die Zukunft hin ausgerichtet ist, wird so lange unglücklich sein, bis in der Zukunft nur mehr der Tod auf es wartet. Ranken sich die Gedanken nicht auch um die Gegenwart, wird die Vergehung derselben dem Menschen erst rückblickend, im Moment des nahezu vergangenen, eigenen Lebens gewahr. Wer das andere Extrem verkörpernd allerdings ausschließlich im Momentum denkt, wird die Gegenwart ebenso unbedächtig verbringen wie jener zuvor genannte, der sein Leben einzig auf seine in der Zukunft liegenden Wünsche und Ereignisse hin ausrichtet. Wer die Zukunft sich in aller Unbeschwertheit der scheinbar ewig andauernden Gegenwart verdirbt, wird im letzten Moment seines Lebens ebenso voller an sich selbst gerichteter Vorwürfe sein wie derjenige, der durch seinen einzig auf die Zukunft gerichteten Blick, seiner Gegenwart jede Möglichkeit nahm, seinem Gemüt und seinem Glück dienlich zu sein. Es gilt, in seiner Betrachtung das richtige Maß nicht nur zwischen Gegenwart und Zukunft, sondern zwischen allen drei Zeiten zu finden, um auch aus in der Vergangenheit gemachten Erfahrungen Erkenntnisse und Lehren für den aktuellen sowie alle noch darauffolgenden Momente zu gewinnen. Lasst euch die Vergangenheit Beraterin und Wegweiserin sein, um die Zukunft – und damit alles aus ihr hervorgehende – besonnen zu gestalten. Es gilt letztlich, sich durch die Gegenwart eine von Reue weitestmöglich befreite Vergangenheit zu schaffen, von welcher hinsichtlich der Zukunft gezehrt werden kann. Des Menschen individuelle, in den dunklen Schleier der Ungewissheit gehüllte Zukunft ist die einzige ihm gegebene Möglichkeit, seine Gegenwart und die daraus entstehende Vergangenheit so zu gestalten, dass er einst frei von Vorwürfen an sich selbst sowie ohne jedwede Form der Reue mit einem lächeln auf dieselbe zurückblicken wird. Wer sich sowohl des hohen Wertes des gegenwärtigen Moments, als auch mit einem gen Zukunft schweifenden Blick sich nicht nur der Unbestimmtheit derselben, sondern auch ihrer Möglichkeiten gewahr wird und sein Leben dieser Erkenntnis entsprechend ausrichtet, wird sich einst nichts vorzuwerfen wissen, da er stets besten Wissens handelte. Das stetig auf dem gegenteiligen Pfad der Unbesonnenheit wandelnde andere Extrem stellt hingegen zweifelsfrei das am bedauernswerteste Geschöpf dar, denn auf diesem Irrwege finden wir den Typus des gänzlich orientierungslosen, umherirrenden Landstreichers und Wandervogels, welcher das Vergangene bereut, das Gegenwärtige verschmäht und das Zukünftige fürchtet, welchem er in seiner Ohnmacht wie ein Schiffsbrüchiger auf hoher See entgegentreibt. Der Tor vergeudet die ihm gegebene Zeit aufgrund seiner Unbesonnenheit, welche sich entweder in Form einer allgemeinen, unbedachten Orientierungslosigkeit oder aber als in endloser Zahl in ihm stets vorhandenen und stetig neu entstehenden zu verschmähenden Forderungen an das Leben, deren Erfüllung ihm seiner fälschlichen Überzeugung nach Glückseligkeit bescheren können, zeigt. Im sehr wahrscheinlich auftretenden Falle einer späteren Einsicht und einer damit einhergehenden resümierenden Anschauung seiner Vergangenheit wird er sich mit sich selbst konfrontiert sehen, falls er nicht schon heute, unter dem trügerischen Nebel der nur kurzweiligen Befriedigungen, allmählich bemerkt, dass er durch seine unvernünftig gearteten Ansprüche an das eigene Leben niemals satt oder zufrieden sein kann.

Während der Besonnene sich darüber freut, gegenwärtig zu leben, in der Vergangenheit bereits gelebt zu haben und in der Zukunft, wenn auch nur für eine unbestimmte, definitiv begrenzte Zeitspanne voller zwar beeinflussbarer, definitiv aber ungewisser Ereignisse, noch zu leben, versinkt der Unbesonnene in einem ihn immer tiefer in sich ziehenden Sumpf aus Wut, Trauer und Reue, aus welchem es der Überzeugung seines unbesonnenen Geistes nach, kein entrinnen gibt.

III

Es ist eine Flucht in eine eingebildete Unendlichkeit, eine Verdrängung des Faktums der eigenen zeitlichen Begrenztheit wider besseres Wissen, welche die Menschen ihres wahrhaftigen Lebens beraubt und die Zeit desselben in Unachtsamkeit zerrinnen lässt. Die im Menschen tief verankerte Sehnsucht nach Sicherheit treibt ihn dazu, sich an das Leben als das ihm Bekannte so lange es die ihn selbst prägenden und umgebenden Umstände ermöglichen, zu klammern und sich mit der Vergänglichkeit seiner eigenen – mindestens materiellen – Existenz, seines größten einst wahr werdenden Albtraumes, nicht eher als nötig zu beschäftigen – diese Notwendigkeit aber liegt ebenso wenig in ferner Zukunft wie im jetzigen Moment, sondern weit zurück, in seiner verstaubten, fernen Vergangenheit, bevor ihm seine aus vermeintlichen Erkenntnissen resultierende Engstirnigkeit das Denken übermannte oder, treffender formuliert, sie es seiner subjektiven Auffassung nach auf vielerlei Gebieten vollkommen überflüssig machte. Je eher der eigene Habitus und damit die eigene Lebensgestaltung grundlegend überdacht wird, je früher der Geist sich aus der Unbesonnenheit erhebt und sich ab diesem Zeitpunkt an ad infinitum in einem sich stets selbst prüfenden und weiterentwickelnden Entwicklungsprozess befindet, desto langwährender ist die positive Beeinflussung der verbrachten Zeit; neben dem stetigen Zugewinn an Erfahrungen ist es insbesondere das frühe Nachdenken, welches die bedachtsam verbrachte Zeit vermehrt und im Hinblick auf die sich stets erweiternde Vergangenheit den in Unachtsamkeit vergangenen Teil derselben vermindert. Dieses Nachdenken über den eigenen Habitus und die stetige Überprüfung vermeintlich bereits gefundener Wahrheiten, sowie die sich daraus ergebende kontinuierliche Entwicklung der eigenen Lebensführung kann jedoch offensichtlich nicht als einmaliges Projekt verstanden werden, sondern vielmehr als ein progressus in infinitum, dessen Aufgabe in der stetigen, kritischen Überprüfung der uns umgebenden Umwelt sowie unserer individuellen, bei uns etablierten Denk- und Handlungsmuster sowie der daraus resultierenden, stetigen positiven Wandlung des eigenen Habitus liegt, um eine kontinuierliche Verbesserung seiner Selbst zu erreichen und sich auch behavioristisch an die eigenen, verbesserten Anschauungen anzupassen. Obgleich sich der besonnene Mensch in einem stetigen Entwicklungs- und einem damit verbundenen Wandlungsprozess befindet, ist es ein zweifelsfrei anzustrebendes Charakteristikum des eigenen, individuellen Lebens, selbiges resümierend feststellen zu können, nicht unter einer Fragmentierung desselben leiden zu müssen; es ist ein unschätzbarer Vorzug, einst von seinem eigenen Leben behaupten zu können, dass Kontinuität in ihm entstand. Jeder Mensch sollte sich während seines gesamten Lebens darüber im Klaren sein, dass seine Wirk- und Schaffenszeit auf Erden begrenzt ist. Es ist schließlich keine unvorhersehbare Überraschung, dass jedes Leben eines Tages enden wird. Dennoch handeln viele Menschen, als wüssten sie nicht um diesen Umstand und als herrsche in ihnen keinerlei Gewissheit über ihre – mindestens materiell – bloß temporäre Existenz. Daraus resultierend brechen notwendigerweise viele, selbst in einem hohen Lebensalter, in Bestürzung und Verwunderung aus, wenn sie – scheinbar vollkommen plötzlich – die Kräfte verlassen oder ihnen eine schwerwiegende Krankheit diagnostiziert wird, da ihre Gewissheit um das Faktum der – mindestens materiellen – definitiven eigenen zeitlichen Begrenztheit lediglich in ihrem Unterbewusstsein, schlummerte – niedergehalten von all den verschiedenen, sie jeweils nur kurzfristig beruhigenden und betäubenden, selbsttäuschenden Empfindungen und bewusst verfolgten Ablenkungen, die stets dafür sorgten, dass dem Menschen keine Zeit blieb, um sich mit dem gefürchteten Ergebnis der in Wahrheit nie angestellten Überlegung über den Wert der eigenen, temporären Existenz und der sich daraus ableitenden richtigen Führung des eigenen Lebens, auseinanderzusetzen. Obwohl diese wertvolle, lebensprägende Gewissheit einem jeden seit Anbeginn dessen Denkens bekannt ist, gelingt es nur den Wenigsten, dieses Wissen in Denken und Handeln auf das eigene Leben zu übertragen. Hervorgehend aus der menschlichen Liebe von Sorgenfreiheit und Bequemlichkeit, liebt es der Mensch ganz besonders, seine Ängste, Sorgen und Probleme bestmöglich aus seinen ihn sonst plagen würdenden Gedanken zu verbannen – der Tod als Sinnbild der größten Angst des Menschen, als seiner schrecklichsten Vorstellung, dient hierfür als ideales Exempel. Der Mensch ist stets versucht, seine Furcht und seine Ängste unter ihm gefallenden Vorstellungen so tief es ihm gelingt zu begraben und möglichst lange vollkommen aus seinen Gedanken zu verbannen. So sucht und findet er Ablenkung in mannigfachen Dingen und auf vielfältigste Weise, wie etwa durch den Glauben an adaptierte oder sich selbst geschaffene Wunschvorstellungen und -versprechungen, der direkten Betäubung seiner selbst oder durch die vollkommene Auslastung seiner zeitigen Kapazitäten, um seinem Geiste in keinem Falle freie Zeit zum Nachdenken über das ihn Verängstigende zu lassen. Ebenso dienlich ist ihm hierzu ein Spiel, welches ihn vollkommen ergreift, denn im Spiel erreicht der Mensch eine äußerst abstrakte Form der Freiheit, da er nicht nur in Distanz zu sich selbst, sondern auch zu seinen Problemen und Sorgen sowie letztlich auch zu der ihn äußerlich umgebenden Welt tritt. Die subjektive Welt, in welcher sich der Spielende befindet, lässt ihn sich von seinem Alltag abkoppeln und die in diesem für ihn existierenden Probleme für den Augenblick vergessen. Im Spiel geht es nicht nur, wie im realen Leben fernab des Spiels, um die Erreichung von festgesetzten Zielen oder das andauernde Treffen von mehr oder minder auswirkungsreichen Entscheidungen, sondern vielmehr um das Erlebnis des Spielens selbst. Die durch das Spiel erwirkte Ablenkung bewahrt den Menschen in diesem Moment davor, sich aktiv mit seinen Problemen und Sorgen auseinandersetzen zu müssen. So ist das Spiel nicht nur ein bewährtes Mittel gegen die bei desinteressierten und lethargischen Geister aufkommende Langeweile, sondern auch temporärer Überwinder der den Menschen sonst ruhelos beschäftigenden Ängste und Gedanken. Das Spielen kann dem Menschen gar eine, wenn auch nur sehr bedingte, Fluchtmöglichkeit aus der realen Welt und der für ihn in derselben existierenden Probleme bieten. Da das Spiel in der Regel mit fortschreitendem Alter ein immer geringer werdender Bestandteil des heutigen Alltages wird, ist es für viele Menschen das probateste sowie einfachste Mittel, Abstand von demselben zu gewinnen.

Wenn jedoch von Einzelnen aufgrund ihrer derartigen Unzufriedenheit mit der sie umgebenden, realen Welt oder ihrer Rolle in derselben, der Versuch unternommen wird, vollkommen aus ebendieser Welt mithilfe des Spiels respektive dem Erlebnis des Spielens zu entfliehen, so sollte dies nicht stillschweigend als eine gewöhnliche, persönliche Präferenz angesehen werden. Obgleich diese Möglichkeit der bedingten Realitätsnegierung von den betroffenen Individuen auch wohl gemeinhin als etwas Positives angesehen wird, sind es die Ursachen für die Wünsche nach einem solchen Ausbrechen aus der Realität keineswegs. Für das Gros der Menschen ist das Spiel aber glücklicherweise kein andauernder, nur mäßig erfolgreicher Fluchtversuch, sondern lediglich ein Ausflug, für dessen Dauer alle Zukunftsängste, alle gegenwärtigen Probleme und alle Leiden der Vergangenheit des Spielenden durch den Spaß und die Ablenkung des Spiels überschattet werden und den Spielenden für diesen Moment von denselben befreien. Die ganzen positiven Klänge der vorangegangen Sätze dürfen allerdings nicht darüber hinwegtäuschen, dass über bedeutungsvolle Fragen des Lebens frühestmöglich nachgedacht werden muss, um dasselbe im größten Maße positiv zu beeinflussen. Eine – wenn auch nur temporäre – Ablenkung darf in keinem Falle dazu führen, dass ein Leben in Unbesonnenheit geführt wird, in welchem sich eigenen Ängsten und Schwächen niemals gestellt wird und vermeintliche Wahrheiten sowie Optima jeglicher Form sowie die Bedeutsamkeit verschiedenster Dinge, niemals Kraft der eigenen Vernunft und des eigenen Verstandes hinterfragt werden. Es zeigt sich, dass der Mensch, obwohl er sein ganzes Leben lang um die zeitliche Begrenzung desselben weiß, nur bloß sehr selten bewusst daran denkt; das Faktum der eigenen zeitlichen Begrenztheit ist ihm zwar zu jedem Zeitpunkt wohlbekannt, aber nur sehr selten wahrhaftig bewusst. Er beschäftigt sich mit dem Tod meist erst in fortgeschrittenem Alter oder nach plötzlicher – lebensbedrohlicher – Erkrankung. Erst zu dem Zeitpunkt, an dem ihm der Tod in greifbare Nähe rückt, wird er sich dessen Unausweichlichkeit wahrhaftig bewusst, obwohl ihm im Unterbewusstsein stets bekannt war, dass sich der Zeitpunkt seines Eintretens im besten Falle unsicher schätzen, aber auf keinen Fall valide voraussagen oder gar vollkommen vermeiden lässt. Wie die verschwenderische Natur das von ihr geerbte Vermögen unbedacht ausgibt, so vergeudet der Tor die ihm gewährte Lebenszeit, ohne sich ihres hohen Wertes bewusst zu sein. Er lebt, als lebte er ewig und niemals ruft er sich sein ihn einst erwartendes Ende in Erinnerung, sondern tröstet sich kurzweilig mit Freuden und Betäubungen über den auf ihn zueilenden Zeitpunkt seines Dahinscheidens solange hinweg, bis er die Anzeichen seiner Vergänglichkeit nicht mehr zu ignorieren in der Lage ist. Unglücklicherweise sind für viele Menschen solche Radikalitäten eine zwingende Voraussetzung, um sich an die Mortalität ihres eigenen Leibes zu erinnern. Die Menschen lieben es zuweilen von sie vermeintlich glücklich stimmenden Dingen zu träumen und verschwenden in diesem Zusammenhang nicht nur ihre Gedanken, welche sie im Sinne eines bewussten Lebens auf die Begrenztheit desselben richten sollten, um aus dieser Bewusstwerdung sich ihres Denkens und dem aus ihm hervorgehenden Handeln stets bewusst zu sein, sondern ferner auch ihre Möglichkeit, sich im Geiste von vielen für das Glück nur ihrer falschen Auffassung nach notwendiger Dinge zu befreien, um sich demselben auf einem anderen, wirklich zum ersehnten Ziel führenden Pfad nähern zu können. Wie der Kranke die Gesundheit erst zu schätzen lernt, wenn diese ihm nicht mehr gegeben ist, so merkt der Sterbende erst in dem Moment seines Sterbens, wie schön – und rückwirkend betrachtet zugleich verheerend – es war, das Faktum der Begrenztheit des eigenen Lebens ignorieren zu können. Es kann zwangsläufig nur zur Trauer führen, wenn ein Mensch versucht, dem Unvermeidbaren zu entgehen und in diesem Versuch seine Existenz aus seinen bewussten Gedanken zu verbannen, da er sich durch den dadurch entstehenden Schein der Unendlichkeit seines ihm bekannten Seins selbst die Möglichkeit nimmt, sein Leben in stetiger Erinnerung an und bestmöglicher Nutzung von der ihm begrenzt gewährten Wirkungszeit – und damit mit bedacht – zu führen. Die Menschen versuchen, König Ödipus gleich, ihrem unausweichlichen Schicksale zu entgehen, welches im Gegensatz zu Sophokles' mythischer Vorhersehung eines Orakels allerdings in der für alles Lebendige gleichermaßen gültigen Unausweichlichkeit des Todes liegt. Dem Menschen muss es gelingen, das Unvermeidbare nicht leugnen und sich über sein unumstößliches Bestehen hinwegzutäuschen zu wollen, sondern selbiges als maximal beeinflussbare, aber definitiv unausweichliche Gewissheit zu akzeptieren, um ein Leben in Besonnenheit und Glückseligkeit führen zu können – denn wem sich erfüllt, was er zu vermeiden versucht, wird gleichermaßen unglücklich wie derjenige, der nicht erlangt, was er sehnsüchtig begehrt. Wer dem Tode als ewig gültigem, irdischen Gesetz, zu entgehen versucht, wird durch seine Unvermeidbarkeit ein zutiefst unglückliches, schwankendes Leben führen. Um wahrhaftig zu leben zu verstehen, muss man ganz im Sinne des Memento mori auch das Sterben erlernen und sich dessen Unausweichlichkeit für das eigene – mindestens materielle – Sein, der natürlichen Ordnung des Kosmos gemäß, bewusst sein. Bedingt durch die selbstbetrügerische Praxis, den notwendigerweise unbekannten Zeitpunkt des Eintreffens des gefürchteten Todes in den Gedanken mit einer scheinbar enormen, sich eingeredeten Gewissheit, in eine noch ferne Zukunft zu verlegen, leiden viele Menschen unter der Einbildung, dass sich ihre selbst prognostizierte Zukunft sowohl in ihrer zeitlichen Ausprägung als auch in ihrer Beschaffenheit nahezu exakt so erfüllen wird, wie sie es sich bereits seit Jahren so träumerisch und naiv in ihren Gedanken ausmalen. So nehmen sich viele – aus vollster Überzeugung, dass ihnen noch viel Zeit auf dieser Welt beschieden sein wird – fest vor, erst ab einem gewissen Alter, die Zeit wirklich dafür zu nutzen, worin sie einen Sinn erblicken, obgleich bereits seit einiger Zeit die notwendigen Bedingungen für dieses ihre Vorhaben erfüllt sind – völlig unabhängig davon, ob dieses ihre Bestreben wahrhaftig besonnen von ihnen begehrt wird beziehungsweise dasselbe von edler Beschaffenheit ist, ob ihr Behaviorismus also edel oder schmählich ist, so ist ihnen ihre Begierde, mindestens ihrer Überzeugung nach, doch für die Erlangung der Glückseligkeit obligat. Ein wirklich zweifelhaftes Paradoxon ist es also, dass Menschen ihr bedachtes Leben respektive ein nach ihren Vorstellungen erfülltes Lebens erst kurz vor der Beendigung des eigenen wahrhaftig beginnen wollen. Der von ihnen höchst optimistisch gewählte

Zeitpunkt für diesen Lebenswandel ist meist zudem mit dem Zeitpunkt äquivalent, an welchem sie ihrer Zeit im größten für sie denkbaren Maße Herr werden – und zumeist der Atemzug, ab welchem sie ihre Zeit neben der Arbeit auch für viele andere Dinge allein aus physischen Gründen nicht mehr verwenden können oder überhaupt wollen, da ihnen, bedingt durch ihr bereits fortgeschrittenes Alter und der damit häufig einhergehenden Schwächung, ihnen ihre einst gefassten Wünsche nunmehr wie zwar begehrte, aber unerreichbare Träume erscheinen lassen. Die neu gewonnene oder, besser formuliert, in großem Maße gewachsene, frei zur Verfügung stehende Zeit kann ferner gleichermaßen über- wie unterfordern: dieses durch die ständig nötige Entscheidung über die Gestaltung der neugewonnen Zeit und jenes, wenn der Mensch es nicht versteht, der ihm gegebenen Zeit selbst einen Sinn zu geben.

Viele Menschen sind in ihren – zumeist unbesonnenen – Begehren zu träumerischen Spaziergängern geworden, welche allerlei Wünsche in sich tragen, deren Erfüllung – so glauben sie jedenfalls – ihre Zufriedenheit dauerhaft steigern würde, doch an ihrer Erfüllung zu arbeiten, steht ihnen, abseits ihrer Gedanken, fern. Sie betrachten das Leben mit all seinen gesellschaftlichen Gesetzen als starres Gebilde, aus welchem auszubrechen zwar zuweilen von ihnen geträumt, aber nie ehrlich verfolgt wird. Im Denken scheint ihnen alles erlaubt zu sein, aber wenn es um das Handeln geht, scheinen ihnen die Hände in Ketten gelegt zu sein. Ihr Denken ist ihnen eine reine Utopie, deren Ergebnisse die gedankliche Sphäre niemals zu verlassen vermögen, bis sie letztlich in ihrem melancholischen träumen erstarren. O hätten es diese Menschen doch verstanden, sich den philosophischen Geist ihrer Kindheit zu bewahren! Im Hinblick auf ein gelungenes Leben bedeutet vernunftgeleitetes Handeln nicht, sich stets für den Weg des am besten planbaren Effekts, des geringsten Zufallsfaktors und des geringsten Risikos zu entscheiden – ein verträumtes, so von Unzufriedenheit dominiertes Leben mag in seiner Angst vor der Verschlechterung seiner aktuellen Zustände und der daraus resultierenden Vorsicht zwar möglicherweise eine solche verhindern, durch sein ängstliches Zögern jedoch aber auch eine Steigerung der eigenen Zufriedenheit .

Dies gilt besonders, wenn die das gewünschte Handeln verhindernde Schranken einzig im eigenen, unsicheren und zögernden Geiste bestehen. Selbstredend ist es nur vernunftgemäß, vor sämtlichen Handlungen alle der aus ihr möglicherweise resultierenden und entstehenden Effekte in die Zukunft blickend zu erahnen und zu bedenken, um durch dieselben im Falle ihres Eintretens nicht nur nicht erschüttert zu werden, denn dies steht der besonnenen Natur ohnehin fern, sondern ebenfalls nicht überrascht zu werden; jede Handlung muss frei sein von Unüberlegtheit und Nachlässigkeit. Die Betrachtung der sie zur Unzufriedenheit treibenden Gegenwart und ihrer mannigfachen, in unbekannte Zukunft vertagten Wünsche, drängt die Menschen jedoch nicht selten nach ihrer Zukunft und beflügelt sie in ihrem Glauben, es nur noch länger mit diesem Leben halten zu müssen, um das hinter einem Berg wartende Glück durch die rein zeitliche Progression des eigenen Lebens doch noch zu erhaschen. Das Leben ist allerdings kein linearer Prozess, in dessen Verlauf es sich notwendigerweise stetig verbessert, sondern lediglich der Rahmen eines möglichen Entscheidens und Handelns, welcher es uns ermöglicht, dasselbe und damit seinen Lauf und seine Umstände zu beeinflussen. Die blinde, passive Erwartung an eine gute, individuelle Zukunft ist die Zerstörerin ebendieser, da sie die für sie in der Gegenwart liegenden Gestaltungsmöglichkeiten ungenutzt lässt. An Unvernunft werden diese fest an die von ihnen geplante Zukunft glaubenden Menschen aber noch überboten von jenen in mannigfacher Anzahl vorhandenen Vorsatzmenschen. Vor der Entwicklung zu einem solchen Vorsatzmenschen steht nicht selten ein an dem Segensfluch der Jugend Leidender, welcher die Hinterfragung seines Verhaltens in seinen jungen Jahren noch nicht für notwendig hält. Jener, sich in guter Verfassung und ewig scheinender Jugend Befindende, der durch sein Gefühl der Unendlichkeit stets unbedacht handelt, entwickelt sich nicht selten zu einem Vorsatzmenschen und letztlich zu einem alten Menschen voller Reue. Auch er glaubt an die Richtigkeit der sich selbst eingeredeten, falschen Gewissheit, noch ewig Zeit für das Überdenken des eigenen Lebens zu haben und sich den möglicherweise schon als wichtig und gut erkannten Dingen erst zu einem späteren Zeitpunkt widmen zu können. Sein kindliches und jugendliches Gemüt führt ihn wahrnehmungslos in das Alter und – sollte sich sein Umgang mit dem Faktum der eigenen zeitlichen Begrenztheit nicht wandeln – letztlich zu einem Tod, welchem er einst ahnungslos und überrascht in die Augen blicken wird, da er ihn stets für eine noch weit entfernte Sache hielt. Menschen, die ihnen eigene Verhaltensweisen als falsch erkannt haben und diese ihre Schwächen zu beheben versuchen sind lobenswert, werden aber mit einem Schlage verachtenswert, wenn sie diese Verbesserung ihrer selbst an einen vollkommen irrelevanten Zeitpunkt – wie häufig dem Anbruch eines neuen Jahres – knüpfen. Bemitleidenswert sind jene Opfer des schwachen Willens, die sich des Erfindens von Ausreden gegenüber sich selbst niemals müde werden! Sie werden sich einst selbst nicht mehr trauen können, wenn ihnen gewahr wird, dass sie sich in ihrem Geiste unaufhörlich selbst belogen haben. Aufschub ist der größte Verlustbringer des Lebens, da er die Gegenwart wider besseres Wissen ungenutzt lässt und die sich selbst gewünschte Zukunft aller Erfahrung gemäß bloß denkt, anstatt sie nach ihren Vorstellungen zu gestalten und letztlich zu verwirklichen. Denkt daran, wie lange ihr mancherlei Dinge schon vor euch herschiebt und welche Fristen ihr schon alle erhalten oder euch gar selbst auferlegt habt, ohne sie zu nutzen! Ihr müsst begreifen, was dies für ein Kosmos ist, von welchem ihr ein Teil seid und dass die Zeit für euch begrenzt und jeder vergangene Teil derselben unwiederbringlich ist. Nutzt diese wertvolle, euch gegebene Zeit zur Erleuchtung der Seele, anstatt diese hohe Aufgabe letztlich bis auf den Tag des Todes zu vertragen. Beachtet außerdem, dass eure gewandelten, nun der Vernunft gemäßen, Handlungsweisen von dauerhafter Natur sind – denn welch einen Nutzen erfüllt schon ein temporäres Betragen, bei dem auf das edle Betragen am Tag in der Nacht die Schande folgt?

IV

Viele scheinen der Überzeugung zu sein, in fortgeschrittenem Alter durch ihr jugendliches Verhalten nicht bloß sich selbst, sondern auch den Tod betrügen und denselben in stetiger Distanz halten zu können. Sie versuchen, in ihrem Leben den größtmöglichen Spaß zu erleben und dasselbe möglichst genussvoll zu gestalten, doch sind sie dabei gänzlich unfähig etwas Größeres, über das Hier und Jetzt hinausreichende, zu betrachten. Sie gleichen als unbeständige Temporärwesen wandelnden Schatten, deren Erscheinung und Denkweise sich stets mit den Normen der Zeit wandelt. Das jugendliche Leben unserer Zeit giert nach Spaß und Anerkennung, obgleich die Erlangung des Letztgenannten in diesen Tagen in Abhängigkeit zu verdorbenen, zur Norm gewordenen Faktoren steht, wie ebensolche Faktoren für das Erleben des erstgenannten als unabdingbare Voraussetzungen betrachtet werden. Jene für die Anerkennung relevanten Faktoren erfüllen zu wollen zeugt, seien sie in ihrer Beschaffenheit ganz und gar schändlich, von einem zutiefst verdorbenen Charakter – besonders, wenn der handelnde Mensch trotz des Wissens um die Negativität der relevanten Faktoren darauf zielt, diese vernunftwidrig und wider besseres Wissen zu erfüllen, um eine Jugend in Einklang mit seinen Altersgenossen verbringen oder durch sein Handeln gar unter ihnen hervorragen zu können. Gründet Anerkennung nahezu ausschließlich auf durch niedere, triebische Gelüste erlangbare Errungenschaften, zu welchen der Mensch unserer Zeit ein ohnehin sehr offenes und liberales Verhältnis pflegt und auf vermeintlichen Werte in der Virtualität, so ist die allgemein verbreitete Validierung solchen Verhalten ein äußerst zu verachtender Wesenszug eines jeden Einzelnen, der die Etablierung und die weitere Verbreitung dieser Anerkennungsmerkmale und -Faktoren durch seine ihnen entgegengebrachte Achtung und Bewunderung weiter fördert. Und mögen manche unter einem niederen Bestreben auch die edelsten Handlungen vornehmen und beispielsweise Ihren Körper zur stetig wachsenden Leistung erziehen, so gilt dies nichts ohne die Verfolgung einer edlen Intention!

Sei die Sache auch eine noch so edle, so nutzt es nichts, finden die Handelnden den nötigen Antrieb nicht in der Verfolgung dieser edlen Sache selbst oder durch den Willen nach der Verkörperung eines gesellschaftlichen Vorbildes und Idealcharakters, sondern verfolgen sie durch ihr Treiben einzig einen offensichtlichen, gleichermaßen egoistischen wie niederen Zweck der unrechtmäßigen, eigenen Hervorhebung. Erst im höheren Alter gelangen viele Menschen zu der Überzeugung, dass ihnen ihre hedonistische, nur auf Spaß bedachte, unausgegorene Lebensweise, aus ihrer jetzigen Lage heraus betrachtet, keine Glückseligkeit bescherte, sondern sie stets bloß kurzweilig zufriedenstellte. Ihre Zufriedenheit währte stets nur so lange, bis dass die nächste Begierde – die soeben erfüllte ablösend – in ihnen aufkeimte und das durch das erst so kürzlich gestillte Verlangen erlangte Gefühl des Glücks und des Erfolges in ihrem Geiste wieder überschattete. Das kurzfristige Denken schaffte ihnen stets aufs Neue schöne gegenwärtige Momente, deren Wirkung sich allerdings als ebenso kurzweilig wie das sie einst getriebene Verhalten entpuppte – und so schufen sie sich, nicht zuletzt aufgrund dieser Diskontinuität des eigenen Glückes, sie bloß kurzweilig mit Freude und Zufriedenheit erfüllende Momente und retrospektiv eine bereuenswerte Vergangenheit, in welcher das konsistente Glück vergebens gesucht wurde. Wie sich der an einer Erkältung harmlos Erkrankte die größten Dinge für die Zeit nach seiner Gesundwerdung vornimmt und dieselben in ebendiesem Moment seiner Kurierung wieder vergisst oder auf einen ungewissen, niemals eintretenden Zeitpunkt vertagt, merkt solch ein Genussmensch häufig erst in der letzten Phase seines Lebens, was ihm das Leben hätte geben können, wenn er dasselbe mit der dafür nötigen Weitsicht betrachtet hätte. Der lediglich temporär oder chronisch Erkrankte mag durch seine innere Ergriffenheit aufgrund seines Zustandes und seiner Geisteshaltung in seiner sich selbst bemitleidenden Untätigkeit zwar häufig vergessen, dass die meisten Krankheiten lediglich eine Beeinträchtigung des Körpers, nicht aber des Geistes oder des ihm eigenen Willens an sich herbeiführen, aber zweifelsohne ist niemand unanständiger beschäftigt als der unbesonnene Genussmensch, der in seinem aus der Genusssucht erwachsenen Egoismus und seiner geistigen Engstirnigkeit die ihm gegebene, freie Zeit, nichts anderem als der Befriedigung seiner niederen Sinneslust widmet. Nichts weiter als kümmerliche Schwächlinge sind jene Knechte ihres Verlangens, die nur der Hingabe zur Erfüllung ihrer Lüste fähig sind und im Geiste längst vor denselben und der sie leitenden Lust kapituliert haben. Wird solch ein Mensch womöglich seine Lebensführung auch niemals bedauern und sollte ihm selbst im Sterben nicht gewahr werden, dass das Leben keinen hedonistischen Selbstzweck darstellt, so ist dies keinesfalls ein Beweis für die Wohlanständigkeit seines Handelns; was individuell betrachtet für solch einen Bonvivant auch möglicherweise gut erscheinen mag, kann für die Menschheit und deren Entwicklung im besten Falle lediglich irrelevant, der Erfahrung nach jedoch wesentlich häufiger verheerend sein. Der Mensch wurde nicht nur zu Spiel und Spaß geschaffen, sondern ist bestimmt zu höheren, größeren und gewichtigeren Tätigkeiten. In unserer düsteren Zeit sind jedoch viele jedem bodenständigen Idealismus abtrünnig geworden – stets von der Sphäre der objektiven Bewertbarkeit umschlossen, in deren Bilder sie vollständig versunken sind, verstehen sie es nicht mehr, etwas zu einem Zwecke zu tun, welcher auf materialistischer Ebene von ihnen nicht erfasst werde, sondern sie handeln einzig im Sinne des eigenen Vorteils sowie der eigenen Freude und verlachen in ihrer eigenen Begrenztheit, in ihrem exzessiven Festklammern an der Materie, all jene Idealisten, welche in ihrem Tun und Handeln höhere Ziele als die Erfüllung der eigenen, niederen und gegenwärtigen Lüste verfolgen und deren Blick hinsichtlich ihres gesamten Lebens weitreichender und in jedem Maße umfänglicher ist, als sie selbst zu sehen vermögen. In wohl keiner bislang dagewesenen Zeit sah man sich mit einer derartigen Entwertung idealistischer Anschauungen konfrontiert, wie sie für die unsere ebenso charakteristisch ist wie die allgemeine Auffassung, dass lediglich jenes Verhalten von Nutzen und damit zu verfolgen sei, welches des eigenen Vergnügens zuträglich oder der Vermehrung des eigenen materiellen Besitzes dienlich ist. Gerade durch die Unbestimmtheit der Länge des eigenen Lebens entwickeln sich viele Personen zu absoluten Hedonisten, welche ihr Denken und Handeln lediglich nach dem gegenwärtigen Moment ausrichten, da sie den nächsten schon nicht mehr erleben könnten – frei nach der Maxime oder, treffender formuliert, der viel zitierten und doch zumeist leeren, lediglich philosophisch anhauchenden Redeblume, jeden sich gegebenen Tag zu leben, als wäre es der Letzte. Sollte jemand diesen häufig nur als Wieselei gebrauchten Satz allerdings als nachzuahmende Lebensanleitung verstehen, so stellt dies eine nicht zu unterschätzende Gefahr dar, da ein sich daraus ergebendes – und häufig absolut materialistisches – Verhalten die eigenen Wünsche und Lüste über die Moral, die Vernunft und dem Wohl der Allgemeinheit stellt. Solch ein in der Sphäre der Gegenwart vollkommen gefangenes Individuum schert sich nicht um die Vernunft oder um das Gute, denn schließlich – und dies ist diesem radikalen Materialisten einzig von Belang – stirbt er, wenn auch in der Praxis zu einem ungewissen Zeitpunkt, definitiv und vollkommen unabhängig davon, wie er sein Leben auf Erden verbringt. Daraus abgeleitet schafft er sich in seinem außer seinen persönlichen Begierden allumfassenden Nihilismus als letzte Konsequenz selbst die Legitimation für jegliches noch so schändliche Verhalten und negiert damit jeglichen Wert der Vernunft.

V

Neben solchen, einzig auf Spaß bedachten, hedonistischen Gegenwartsmenschen finden wir in mannigfaltiger Zahl nicht minder materialistisch denkende Menschen, welche ihr Elysium allerdings in der stetigen Anhäufung von verschiedensten – und zumeist mehr als entbehrlichen – Besitztümern zu finden glauben. Obgleich Besitztümer zweifelsfrei das am einfachsten zu Erfassenste sind und aufgrund ihrer finanziellen Bewertbarkeit eine zumeist sehr einfache Vergleichbarkeit der Dinge und damit in den Augen Vieler der sie besitzenden Menschen untereinander ermöglichen, sind sie, bei allen durch das Leben gebotenen Dingen und Möglichkeiten, bei weitem nicht das Erstrebenswerteste. In mannigfaltiger Anzahl trachten Menschen nach materiellen Besitztümern, um ihren sehnlichsten, sie und ihr Leben dominierenden Wünschen Befriedigung zu verschaffen, bis in ihnen bereits kurze Zeit nach der Erfüllung einer für sie bis dahin als immens wichtig erschienenen Begierde ein neues, für die Erreichung ihres eigenen Glücks ebenfalls als unbedingt notwendig angesehenes Verlangen, entsteht. Die Menschen sind gierig und engstirnig geworden – sie dürsten nach der stetigen Vermehrung und Verbesserung ihres Besitzes, um auf ihrer ewig andauernden und doch niemals fortschreitenden Suche nach dem anhaltenden Glück ihre sehnlichsten materiellen Wünsche, welche längst sie und ihr gesamtes Leben dominieren, zu befrieden und auf diese Weise, einen Zustand der andauernden Glückseligkeit zu erreichen. Ein als ein für die eigene Glückseligkeit notwendig betrachtetes Verlangen oberflächlich-materialistischer Natur zu stillen, beschert dem Betroffenen allerdings lediglich eine kurze Zufriedenheit, welche bereits kurz nachdem sie durch die Erfülltheit der einen Begierde hervorgerufen wurde, durch die Entstehung einer neuen Begierde desselben Typus – deren Erfüllung ebenfalls für die Erreichung des eigenen anhaltenden Glückes als unabdingbar notwendig verklärt wird – und die notwendige Unerfülltheit derselben vernichtet wird.

Die Menschen begeben sich völlig freiwillig in diese die eigene Zufriedenheit verwehrende Knechtschaft des ewigen, oberflächlichen Begehrens, welche sie durch die sich daraus ergebende Unmöglichkeit, jemals zufrieden in Genügsamkeit leben zu können und den permanenten Zustand, das eigene Glück einzig in einer ständig neu aufkommenden Fata Morgana zu sehen, welche in sich jedoch kein Glück, sondern lediglich noch mehr in den Händen verrinnenden Sand birgt, dessen die Menschen auf ihrer ewigen Wanderung zwar zunehmend müde und daraus folgend zuweilen nachdenklich werden, aber es aufgrund ihrer Engstirnigkeit doch nicht vermögen, den sie von ihrer ewig erfolglosen Suche befreien würdenden Fluss des besonnenen Lebens zu entdecken. Permanent sich gegenseitig ablösende, unbeständige Begierden zu hegen und dieselben ihrem Kreislauf gemäß erfüllen zu versuchen, führt in einen dauerhaften Zustand der Unzufriedenheit und somit letztlich in eine tiefe Trauer, resultierend aus den sich stets neu entwickelnden, freiheitsbeschneidenden Begierden, welche das Leben in seinem Lauf unablässig dominieren – ganz gleich, wie viele ihrer im Wunsch nach der Erreichung der Glückseligkeit bereits erfüllt wurden. Solange die Menschen einzig in der Anhäufung materieller Güter die Möglichkeit zur Erlangung der Glückseligkeit sehen, wird ihnen die Erreichung derselben gänzlich verwehrt bleiben. Selbstredend ist es für das Glück des Menschen unumgänglich, Werte sowie damit verbundene Ziele zu besitzen, dieselben voller Begeisterung und Aufopferung verfolgen und im Allgemeinen etwas leisten zu können, jedoch sollte die Unerfülltheit dieser Ziele die Rolle eines Motivators einnehmen und den Menschen anspornen, während diese Ziele selbst zu großen Teilen in ihrer Beschaffenheit beständig sind. Während der besonnene Mensch in seinem Streben nach einem stets bestmöglichen Verhalten edle Handlungen vollbringt und sich, obgleich er weiß, dass von ihm angestrebte, hochgesteckte Ziel niemals gänzlich erreichen zu können, an seinem stetigen Fortschritt erfreut, hat der gänzlich Unfreie, welcher stets von einem unbeständigen Ziel zum nächsten jagt, unter der Unerfülltheit seiner Lüste und Begierden eindringlich zu leiden, da er sich stets aufs neue einredet, ohne deren Erfüllung niemals zufrieden sein können.

Obgleich die Erfüllung einer Begierde kurzweilige Befriedigung verschafft, wird dieselbe kurz darauffolgend durch das Aufkeimen eines neuen, ebenso unbeständigen Verlangens im Menschen radikal vernichtet. Die Menschen bewegen sich in einer sich selbst geschaffenen, nimmer endenden Spirale aus Begierdenentstehung und -erfüllung; glückselig kann aber niemals derjenige werden, der ständig ein neues Verlangen in sich entwickelt, dessen Erfüllung er für die Erreichung eines andauernden Zufriedenheitszustandes als strikte Notwendigkeit betrachtet und welches zu dem Zeitpunkt seines Aufkommens notwendigerweise unerfüllt sein muss, folglich also das ersehnte Bedürfnis nach der Verwirklichung dieses Verlangens nicht befriedigt und demnach unglücklich stimmt, sondern die Glückseligkeit kann nur erlangen, wer durch den Nebel des lediglich unabdingbar Scheinenden zu blicken vermag und sich auf diejenigen Dinge besinnt, die des eigenen Glückes wahrhaftig zuträglich sind. Letztgenanntem kann in seiner kühnen Gelassenheit nichts genommen, sondern nur noch gegeben werden – dieses allerdings auch nur auf die Weise, wie es sich mit unnützen Geschenken verhält, welche keineswegs gebraucht oder derer sich übermäßig gefreut wird, welche aus Anstand jedoch trotzdem angenommen werden, um die Gabe nicht zu verschmähen und den Schenkenden nicht zu verletzen. Dem Menschen muss gewahr werden, dass sein sich stets veränderndes und doch permanent vorhandenes materielle Begehren genannter Art einzig aus dem Glauben eines subjektiv vorhandenen Mangels entsteht; häufig ist kein real existierender objektiver Mangel der Urheber für die Entstehung eines solchen Wunsches im Menschen, sondern das Mängelempfinden ist rein subjektiver Natur und existiert somit lediglich als subjektives Mängelempfinden im Menschen selbst, entstanden durch ein fehlendes Verständnis von der Glückseligkeit und genährt durch äußere Einflüsse, wie sie in unserer heutigen Zeit in ungeheurer Zahl auf verschiedenste Arten vorkommen. Aus der bestehenden Unmöglichkeit, eine anhaltende Zufriedenheit unter dem ständigen Existieren für die Erreichung derselben notwendig betrachteter Bedingungen zu erlangen, gilt es abzuleiten, dass zuerst überhaupt die eigene Fähigkeit zum Glück auf geistiger Ebene im

Menschen entwickelt werden muss sowie die Voraussetzungen zur Erreichung derselben so weit als möglich von der Materie losgelöst werden müssen, um folglich deren Erfüllung von möglichst wenigen äußeren Faktoren abhängig zu machen; das Glück ist nichts käuflich erwerbbares, sondern einzig etwas geistig-mental erlernbares und selbstredend wird das Glück derjenige am leichtesten erreichen und sich beständig zu bewahren wissen, der dazu am wenigsten bedarf.

In höchsten erreichbaren Grade bedürfnislos, aber alles andere als anspruchslos, ist die besonnene Philosophennatur. Ewig neu auftretende materielle Begierden beschriebener Natur stets befriedigen zu wollen in der Hoffnung, dass eines Tages die letzte eigene Begierde erfüllt sein wird, gleicht dem ewig andauernden, aber doch niemals gelingenden Versuch des Sisyphos, seinen Felsblock in der Unterwelt über die Kuppe eines steilen Hanges zu werfen. Man denke nur einmal kurz an unsere Vorfahren oder blicke in andere der Teile der Welt und wird schnell feststellen, dass Menschen in großer Zahl mit weitaus weniger Besitztümern weitaus zufriedener waren beziehungsweise sind als der hiesige, moderne Mensch, welcher sein Glück selbst unter der rasant aufeinanderfolgenden Erfüllung seiner nimmer endenden Forderungen an das Leben nicht finden würde. Letztgenannter besitzt in Wahrheit keinesfalls zu wenig, sondern trägt viel zu viel unnötigen Ballast mit sich herum, dessen er in seiner subjektiven Auffassung nach doch niemals genug hat. Glückseligkeit ist keine Ware, sondern ein Zustand, welcher nicht gekauft, sondern in sich entfaltet werden muss und spätestens ab dem Punkt entfaltet werden kann, ab dem der individuelle Mensch hinsichtlich der Beschaffung der für das eigene Überleben notwendigen Güter sorglos ist sowie gleiches auch für all jene gilt, zu welchen er der natürlichen Ausdehnung gemäß in einem besonderen Verhältnis steht; der Möglichkeit zur Erreichung eines erfüllenden Lebens in Glückseligkeit ist real ab dem Punkt kein Hindernis mehr gesetzt, ab dem der Mensch seine Gedanken ganz dem widmen kann, was über die bloße Sphäre der natürlichen Lebenserhaltung hinausgeht. Wo die Gedanken nicht mehr für die Erhaltung des bloßen Existierens und des Überlebens aufgewendet werden müssen, ist bereits die Grundlage dafür geschaffen, sich zur

Erreichung der Glückseligkeit in einer vernunftgeleiteten Lebensweise höherem und beständigerem widmen zu können. Hat sich der Geist erst von der Sorge nach der Beschaffung des zu seiner Erhaltung unabdingbar notwendigen befreit, steht seiner Freiheit nichts mehr im Wege. Derjenige hingegen, der meint, er stelle aufgrund von Nichtigkeiten die höchste Stufe der bisherigen Entwicklungen und Ereignisse dar, der irrt nicht nur in seinem auf Belanglosigkeiten begründeten Hochmut, sondern wird durch seine Überzeugung, dass ihm alles und immer mehr zustünde, ewiglich unglücklich bleiben. Unglück entsteht, wo entweder unmögliches oder aber zu viel und unaufhörlich gewollt wird. Derjenige, der unersättlich und unverständig nach illusorischen Glücksgütern strebt, ohne dabei zu bemerken, dass es einzig sein eigenes Wollen ist, welches ihn unzufrieden stimmt und nicht, wie von ihm angenommen, das Fehlen des von ihm Begehrten, wird die von ihm ersehnte Glückseligkeit niemals finden; nicht das Fehlen einer Sache an sich vereitelt ihm das Glück, sondern seine in ihm herrschende Überzeugung, dieser Sache zur Erreichung seines Glückes zu bedürfen. In welche Knechtschaft sich solche Naturen in ihrer angeblichen Alternativlosigkeit begeben, bleibt ihnen oft unerkannt – wie viele von ihnen schaffen sich einzig selbst den Druck, der sie zu der unaufhörlichen Jagd nach Geld und Besitz treibt und ihnen keinen Funken freie Zeit lässt! Jene Menschen sollten sich einmal selbst aus exzentrischer Sicht betrachtend und in die Vergangenheit blickend fragen, wie viel ihrer kostbaren Zeit sie für diese ihre Gier verschwendet haben und wie viel ihnen da letztendlich noch blieb, um wahrhaftig zu leben. Die damit oft einhergehende, totale Aufopferung für einen doch bloß unsicheren Arbeitsplatz ist längst zur Normalität geworden – und mit ihr die bewusste Schädigung von innerfamiliären und allgemein intermenschlichen Beziehungen, welche unter den aus dieser Aufopferung resultierenden verschobenen individuellen Zeitrhythmen und den häufigen örtlichen Veränderungen, ganz gemäß dem Sinnbild einer ewig andauernden Jagd, zu leiden haben.

Nicht nur die Desillusionierung solcherlei Dinge als lediglich unbedeutender, süßlich-riechender Hauch, sondern die vollständige Demaskierung aller menschlicher Selbsttäuschungen ist eine notwendige Voraussetzung für ein besonnen verbrachtes Leben. Der Mensch muss sich befreien von seinen Begierden, die seinem andauernden Glück nicht dienlich sind, sondern deren Verfolgung einzig seine Zeit verschlingen und ihn immer wieder Enttäuschungen über deren lediglich kurzen, ihm angenehmen Effekt, erleben lassen.

VI

Die Menschen mögen sich in ihren zusammengekauften Komfortzonen, in ihnen sie vor der Härte des Lebens größtmöglich bewahrenden Mikrokosmen wohl und im traurigsten Fall sogar anderen überlegen fühlen, doch sind sie nichts weiter als auf materialistischer Ebene zutiefst abhängige Schwächlinge, die ihre gepriesene Bequemlichkeit und der von ihnen ersehnte Luxus dazu gemacht hat. Der Motor verlernte ihnen auch nur die kürzesten Wege ohne dessen Hilfe zurückzulegen, die Gesellschaft verlernte ihnen zu denken und sie selbst verlernten es, als bittere Konsequenz ihres sich selbst unterdrückenden Verhaltens, zu leben. Die Entfremdung von der eigenen Natur ist in vielen bereits derartig fortgeschritten, dass ihr Besitz einem Gefängnis gleicht, welches jedoch nicht die in Freiheit Lebenden vor den Inhaftierten, sondern vielmehr die Gefangenen vor der Freiheit und dem wahrhaftigen Leben beschützt, welches von selbigen wohl gemerkt als ein durch und durch positiver Umstand betrachtet wird. Der Spagat zwischen technischem Fortschritt und der gleichzeitigen Erhaltung sowie Verbesserung menschlicher Fähigkeiten ist eine nur schwierig zu bewältigende Aufgabe, welcher jedoch niemals genügend Aufmerksamkeit gewidmet werden kann. Die Losung des Menschen sollte es sein, ganz nach der Formel sustine et abstine, wahrhaftig Gutes zu begehren sowie Leid anzunehmen, aber Geistesgegenwart beweisend sich von selbigem nicht niederwerfen zu lassen, anstatt sich einen Luxus zu schaffen, als dessen Folge er in sich die größte Rückentwicklung vollzieht. Luxus und Genusssucht verderben das menschliche Leben und lassen es die sich behauptende Lebensweise verlernen, indem jene durch die vermeintlichen Vorzüge des hiesigen und heutigen Lebens weitestgehend überflüssig wird. Eitelkeit macht unentspannt, wie Luxus und Verwöhnung unweigerlich zur Schwäche und die Orientierung an verderblichen Normen zum Verfall der eigenen Vernunft führen. Das Klagen über Nichtigkeiten, die ehrliche Ergriffenheit von und die wahrhaftige Verzweiflung an denselben, ist ein erbärmliches Zeugnis der Rückentwicklung des hiesigen

Menschen – besonders, wenn man auf die Schwere und Härte der individuellen Leben an anderen Orten der Erde oder zu anderen Zeiten der Historie blickt. Der hiesige Mensch darf nicht vergessen, dass er nicht die Ursache seiner selbst ist, wie er ebenfalls nicht die Ursache dafür ist, dass wir in unserem Land ein äußerst privilegiertes Dasein führen – unsere Vorfahren waren Pioniere und sollten uns als Vorbilder dazu anhalten, uns selbst zu ebensolchen Vorbildern zu entwickeln, anstatt uns unbedacht auf den Bergen ihrer Errungenschaften auszuruhen und von ihren uns hinterlassenen Früchten zu zehren, bis dass der heute schon bitter anmutende Genuss derselben uns letztlich derartig vergiftet, dass wir uns in Dekadenz verlieren und zu schändlichen Schwächlingen herangereift sind, die durch ihre zur Normalität gewordene Bequemlichkeit nicht mehr zu der eigenständigen Bewältigung simpelster lebensweltlicher Aufgaben in der Lage sind. Die Menschen sind nichts weiter als Epigone, als aus dem Großen hervorgegangene Schwächlinge, die sich durch das Werk ihrer Ahnen eines Lebens auf der niedrigsten Ebene erfreuen. Luxus mag aus einer Stärke heraus entstehen, ist aber auf genannte Weisen zugleich Urheber für die Vernichtung ebendieser Stärke, die ihn einst schuf. Dies ist die Schattenseite nicht nur des okzidentalen Menschen, sondern aller, die durch die ihnen gegebenen, komfortablen Zustände, die Notwendigkeit verloren haben, sich als wahrhaftiger Mensch behaupten zu müssen. Der moderne, hiesige Mensch bildet einen geschwächten Charakter, unter welchem er durch die zur Normalität gewordene Bequemlichkeit fatalerweise nicht zu leiden hat. Der Mensch hielte es besser, würde er sich anstatt um die bestmögliche Gestaltung der ihn höchst individuell umgebenden Umwelt zu bemühen, um die vom Leben an ihn gestellten Aufgaben weitestmöglich an Material delegieren zu können, lieber an der stetigen Verbesserung seiner Selbst, seiner Resilienz und Resistenz arbeiten sowie damit verbunden sowohl weniger Dinge bedürfen als sich auch an die ihm gegebenen Dinge nicht so schnell gewöhnen, um im Falle ihrer Entbehrung nicht ins Wanken zu geraten. Derjenige, der seines Lebens allzeit an Einfachheit gewöhnt war, wird sich durch diverse Negativereignisse nicht beirren lassen, während sein Pendant, der stets die Unbeschwertheit gewöhnt war, an solchen Ereignissen immer wieder verzweifeln wird, wenn selbige ihn seiner komfortablen, als Selbstverständlichkeit empfundenen, unbeschwerlichen Lebensumstände berauben. Sich nicht in Ausschweifungen gehen zu lassen sowie üppig und weichlich zu leben, sondern stattdessen streng, genügsam und besonnen, behütet den Menschen vor einer Zerrissenheit durch das eigene Leben betreffende Negativeffekte bei etwaig eintretenden Veränderungen. All jene, die ihren Blick lediglich auf mehr als entbehrliche Dinge richten, mögen in diesem ihren rein materiellen Begehren und der damit notwendigerweise verbundenen, engstirnigen Weltbetrachtungsweise, zwar nur schwierig gebrochen, aber umso leichter verwundert werden, sollte jemand sein Handeln nicht einzig nach jenen Prinzipien ausrichten, welche sie für die gesamte Menschheit als maßgebend erachten. Es stiftet in ihnen die größte Verwirrung und hebt zuweilen ihre gesamte, bis dahin als allgemeingültige Selbstverständlichkeit empfundene, Anschauung hinsichtlich des menschlichen Begehrens aus den Angeln, sollten sie in dem toten Wald des Lebens auf einen sich erhebenden Sämling treffen, der nicht stets auf dem unbeschwerlichsten Pfade des Lebens wandelt und einzig dies begehrt, was häufig als der universal gültige Sinn menschlichen Lebens betrachtet wird: die Maximierung der eigenen lustvollen Erlebnisse und die Schaffung eines möglichst komfortablen Lebens durch die ständige Vermehrung und Verbesserung der einen umgebenden, lebensvereinfachenden Güter. Die mannigfaltigen Möglichkeiten der Menschen sich untereinander zu vergleichen verbunden mit der Vielfalt der ihnen gegebenen, verschiedenen Fähigkeiten sowie insbesondere den hiesigen, vergleichsweise sehr komfortablen Lebensumständen, machten den Vergleich der Menschen untereinander auf rein behavioristischer Ebene schon vor einiger Zeit obsolet. Zu überleben bedarf heute, unabhängig davon, ob ein Mensch sich edel oder aber verschwenderisch und vernunftwidrig verhält, keiner besonderen Stärke mehr. So sehen wir uns heute in einer Zeit, in der anstatt der reinen Selbsterhaltung, vielmehr die Selbstbehauptung verfolgt wird.

Das Vergleichen des Menschen mit seinen Artgenossen ist wesentlicher Bestandteil seiner Suche nach Selbstbestätigung. Neid, Eifersucht, Eitelkeit und viele andere derartige, schändliche Gefühle rühren aus dem ständigen Vergleichen der Menschen untereinander und werden nur in den wenigsten Fällen in edle Handlungen transformiert, obgleich dies eigentlich eine logische Konsequenz wäre, denn ein beispielsweise bewundertes Charakteristikum eines anderen, sollte den Menschen doch gerade dazu anhalten, nicht gegen diesen anderen zu sprechen und zu handeln, sondern an sich selbst solange zu arbeiten, bis er sich einst selbst diesen edlen Charakterzuges schmücken kann. Meist sind es jedoch nicht edle Eigenschaften, welche in den Augen vieler Bewunderung auslösen, sondern wesentlich einfacher zu erfassendere, oberflächlichere Dinge, da das Gros der hiesigen Menschen den Dingen die größte Hochachtung entgegenbringt, denen diese am wenigsten gebührt. Die Menschen blicken voller Begeisterung und Neid auf Belanglosigkeiten und lassen sich durch zwar seltene, aber mehr als entbehrliche materielle Güter so sehr imponieren, dass sie in sich den Wunsch fassen, selbst Besitzer solcher Objekte zu werden, um selbst eine ebenso große Selbstbestätigung durch Andere zu erfahren. Nur durch die Bewunderung der Masse von solchen illusorischen Glücksgütern, die vielmehr für die verleihende Aura einer scheinbaren Überlegenheit als für eine wirkliche Notwendigkeit oder zur Erfüllung eines erforderlichen Nutzens entwickelt werden, konnte jenes Fundament geschaffen werden, auf welchem ferner die gesellschaftliche Ordnung, nach welcher der Mensch mehr nach seiner Habe als nach seinem Sein bewertet wird, errichtet wurde. Besitz sollte vielmehr einem notwendigen Zweck – und im besten Falle der Gesamtheit – dienen, als der Befriedigung der eigenen Lüste und der individuellen Höhersetzung. Wer glaubt, das Glück sei notwendigerweise oder überhaupt an den Besitz von auf objektiver Ebene nahezu nutzlosen Gütern gekoppelt, muss verstehen, dass einzig die Ausbildung der eigenen Fähigkeit zum Glück dazu befähigen kann, von überflüssigem Besitz vollkommen unabhängig einen inneren Zustand vollkommener Zufriedenheit zu erreichen. Es ist ein schier endloser Kreislauf zwischen Bewunderung der Vielen und der Überheblichkeit der Wenigen – zwischen bewundern und begehren, zwischen besitzen und werden, der die Fähigkeit zum Glück mit dem Nebel der Illusion, nach welcher das Glück einzig auf materieller Ebene zu erreichen ist, überdeckt. Die Masse begehrt, was in der Masse ehrt – ehren sollte aber niemals der Besitz, sondern lediglich das individuelle, edle Sein. Die uns leider nicht gegebene, aber hierfür nötige Voraussetzung ist eine gesunde Allgemeinauffassung, welche insbesondere das individuelle menschliche Sein anhand seiner Charakteristika zu bewerten und durch seine edlen Charakterzüge zu schätzen weiß. Der moderne Mensch achtet die entbehrbarsten Dinge als das notwendigste und wertvollste, schätzt die wahrhaftig wertvollen hingegen am geringsten. Ein trauriges Zeugnis unserer Zeit ist es, dass das, was durch innere Vorzüge und edles Handeln erreicht werden sollte, nämlich die Achtung in der Gemeinschaft, nur mehr durch Habe, Besitz und Schein erreicht werden kann. Aus Nichtigkeiten auf Überlegenheit zu schließen, ist ein schwerwiegender Fehler; wer mehr Geld hat, ist nicht zwangsläufig besser, sondern besitzt lediglich mehr, was möglicherweise der – häufig auch so empfundenen – Aufopferung des eigenen Lebens bedurfte und in keinem Falle eine bewundernswerte Situation darstellt. Der festen Überzeugung, dass mit der stetigen Vermehrung des eigenen Besitzes notwendigerweise die Zufriedenheit gleichermaßen steigen müsse, dysbalancieren viele Menschen ihre Zeit- und Konsumpräferenzordnung derart, dass nicht wenige von ihnen letztlich ihre gesamte Zeit im Sinne des Konsums opfern, wodurch sie nebst den von ihnen begehrten Gütern aber vor allem eines unbeachtet konsumieren oder, treffender formuliert, verschlingen und unbedacht verbringen: ihre Lebenszeit. Die Gier entreißt den Menschen ihre Zeit und letztlich ihr wahrhaftiges Leben. Die Idole dieser Tage, welche in Wahrheit keinen Funken freie Zeit mehr finden, denen keine Möglichkeit zur freien Bewegung in Ruhe mehr gegeben ist und die den sie immerwährenden, plagenden Druck häufig nur durch Drogenabusus auszuhalten in der Lage sind und überhaupt nur auf diese Weise zum Überleben fähig werden, sind durch diese ihre Situation alles andere als bewundernswert. Wer kann schon behaupten, ein glückliches Leben zu führen, wenn dasselbe von lauter Beklemmungen, Nachstellungen und Gefahren durchzogen ist sowie die Tage und Nächte desselben voller Sorgen sind? Die Menschen urteilen im Allgemeinen mehr nach dem oberflächlichen, welches sie mit den Augen zu erblicken vermögen, als nach dem tatsächlichen, welches sie häufig nicht zu erkennen in der Lage sind – alle sehen, was solche Menschen haben und wie sie scheinen, aber nur die wenigsten können erfassen, was dieselben sind. Hier gilt es ganz besonders, zwischen Sein und Schein unterscheiden zu können und selbstredend erstgenanntes für sich gelten zu lassen, um sich nicht durch den Schein und den Nimbus anderer irreleiten zu lassen und insbesondere nicht jene zu bewundern, die sich überflüssigem Besitze rühmen und in ihrem Betragen schändlich und vernunftwidrig sind. Obgleich in der Regel ein gewisses Verhalten für die Erwerbung eines in der Gesellschaft geachteten Gutes vonnöten ist, ist es nicht dieses – nicht zwangsläufig gute – Verhalten selbst, dessen sich der Mensch rühmt, sondern lediglich sein daraus hervorgegangener Besitz – er ist somit ausschließlich auf die Vorzüge seiner Habe und nicht auf die etwaig vorhandenen Vorzüge seines Charakters stolz. Diejenigen, die aus dem reinen Begehren nach Verbesserung oder Höhersetzung ihrer Selbst besitzen wollen, werden durch das Besitzen die schändlichste Verschlechterung ihres ohnehin schon verdorbenen Charakters bewirken. Es ist keine Krankheit nur dieser Wenigen, die sich als Höherstehend und -wertig gegenüber all jenen betrachten, die ihnen im Besitze nachstehen – es ist eine Krankheit der Masse, welche auf diese irregeleitete Gesamtheit noch zusätzlich degenerativ wirkt; eine Krankheit der Neider und Wertelosen, die durch ihre Hochachtung des Überflüssigen jeden gedankenlosen Menschen zur Degeneration und zum Begehren von Falschem und Wertlosen treibt. Menschenleben werden einzig dafür verwendet, um Sinnlosigkeiten, die von der Masse zu Erfolgs- und Anerkennungssymbolen erhoben wurden, zu erlangen, um in ebendieser Masse eine Stellung zu erhalten, die auf verdorbenen Werten baut. Ist die Masse falsch und irregeleitet, ist es kein Zeugnis eines gesunden Geistes, sich derselben und deren Verhalten anzupassen.

Der Wunsch nach Zugehörigkeit ist ein Grundzug des Menschen, wohl aber wird er diesem zum gravierenden Nachteil, wenn er sich aus diesem Willen heraus einer Gruppe anpasst, welche sämtliche moralischen Werte verloren hat und die Menschen nurmehr anhand der ihr eigenen Sachwerte zu unterscheiden und zu achten weiß. Wer der Masse unreflektiert folgt und zwanghaft die Kompatibilität des eigenen Verhaltens gegenüber derselben sicherzustellen versucht, wird in Zweifel verfallen, sollte diese Zielsetzung nicht mit der in ihm lebenden Vernunft vereinbar sein und läuft Gefahr, seine Vernunft und damit das ihn als Mensch ausmachende vollkommen zu verlieren. Es ist fernab jeder Notwendigkeit, in einen materialistischen Wettkampf einzutreten, um die Gunst geistig Verfaulter, welche nur noch rein materiellem einen Wert beizumessen scheinen, zu erlangen und sich letzten Endes selbst, indem man sich selbst nicht durch das eigene Sein und Verhalten, sondern durch seine Habe aufzuwerten versucht, zu einem solchen niederen Menschentypus zurückzuentwickeln. Essenziell ist die Entwicklung des Menschen, nicht seiner Habe, welche ihn, sofern durch sie seine ihn umgebenden Umstände zu leicht geartet sind, zur Schwäche führt. Wettkämpfe sollten, der allgemeinen Auffassung im antiken Griechenland gemäß, die von einer Art positivem Neid ergriffenen Menschen zu immer höheren, edleren und besseren Taten befähigen und erlangen ihre eigentliche Legitimation erst durch die unabdingbare Voraussetzung, dass sowohl der Gegenstand des Wettkampfes an sich als auch die in demselben angewandten Mittel edler Natur sind. O welch edle, längst vergessene Vorstellung, welche dort von dem großen Maul der modernen Dekadenz verschlungen wurde! Diese engstirnigen und eitlen Opfer ihres zumeist viel zu spät selbst identifizierten Irrtums, welche ausschließlich um Besitz und auf diesem Wege um vermeintliches Glück und der in ihren Augen dafür notwendigen Anerkennung kämpfen, tun dies häufig nicht ausschließlich zur Befriedigung der eigenen Lüste, sondern sind gemeinhin fest davon überzeugt, ihr Leben auf die einzig richtige Art zu verbringen, da – und damit haben sie leider nicht Unrecht – es die, von wenigen Ausnahmen abstrahiert, in der Masse als allgemeingültig betrachteten Ziele sind, die sie mit ihrem Handeln verfolgen. Die blinde Orientierung an der Masse und die damit verbundene jede Umstände in Kauf nehmende Anpassung an dieselbe und deren Habitus ist eines denkenden Individuums selbstredend nicht würdig, wenigstens aber glauben diese Opfer ihrer Gesellschaft und ihres Herdentriebes, dass sie sich richtig verhalten, während der zuvor geschilderte Gegenwartsmensch sich häufig der Falschheit seines hedonistischen Egoismus durchaus bewusst ist. Der Einzelne scheint in seinem Denken häufig zu vergessen, dass er und ihm ähnliche, andere Individuen es sind, die solch ein für ihn universal gültiges Maß durch ihren Zusammenschluss zu einer Masse erst gebildet haben; die Masse und der von ihr verfolgte Habitus ist demnach keine unumstößliche, auf allen sie betreffenden Ebenen vollendete Maxime im positiven Sinn, welche gedankenlos adaptieren werden sollte. Der Mensch als Individuum gilt seiner Natur gemäß als Gemeinschaftswesen und ist dieser seiner Natur folgend selbstredend dazu bestimmt, ein Teil einer Gesellschaft zu sein, sollte als Gleicher unter Gleicher in dieser Gesellschaft, als ein mit ihr in Wechselwirkung stehender Teil, in deren Dienst er allein den vollen Ausdruck seiner Selbst finden kann, jedoch nicht als ein sich in ein großes Bild fügendes Mosaiksteinchen fungieren, sondern vielmehr in die Rolle des Bildhauers treten und somit an der Gestaltung des Gesamtwerkes mitwirken – er sollte demnach kein höriger Teil einer aus Individuen wie ihm selbst bestehenden Gemeinschaft sein, sondern Former und Teilhaber derselben im Sinne einer stetigen vernunft- und stärkegeleiteten Progression sowohl im Sinne der gegenwärtigen als auch der zukünftig in dieser Gesellschaft lebenden Allgemeinheit. Der Mensch sollte sich in diesem Zusammenhang vor Augen halten, dass die Empirie respektive die Geschichte uns beweist, dass große gesellschaftliche Veränderungen oder Umwälzungen zwar von der Masse getragen werden, sofern jene ihre Grundbedürfnisse erfüllt sieht, dies aber als reiner Anpassungsprozess zu bewerten ist, da der Impuls für derartige Veränderungen stets bei einem Einzelnen oder maximal einigen wenigen lag. Im Menschen herrscht heute der Glaube an einen bereits erreichten Endzustand sowohl des Menschen an sich, als auch der ihn umgebenden Umwelt samt der in ihren

Gemeinschaften bestehenden Gesetzen, Normen und Reglementierungen. Eine Werteverlagerung sowie radikale Änderungen seines Alltages erscheinen ihm durch und durch utopisch und unvorstellbar, obwohl die Geschichte keinerlei Legitimation für solch eine zumeist als optimistisch empfundene Annahme bietet. Obgleich die Menschheitsgeschichte von Umwälzungs- und Anpassungsprozessen sowie Konflikten geprägt ist, schließt er in seiner engstirnigen Naivität solche einschneidenden Änderungen für die Zukunft und sein eigenes Leben vollkommen aus. Der grenzenlose Materialist präferiert es, sich auf die Gegenwart sowie auf das durch ihn eigens beschau- und bewertbare zu konzentrieren und hat für sich selbst längst unabänderlich beschlossen, auf welchem Wege der Glückseligkeit einzig nachzujagen ist, um sich auf seiner ewigen Suche nach dem Glück einzig an seinen als konstant angenommenen Zielen sowie den Normen seiner Zeit und seiner Gesellschaft zu orientieren, ungeachtet der stets auf Neue gemachten empirischen Feststellung, dass er sich auf diesem engen Pfad dem vom ihm ersehnten Ziel, dem andauernden Glück, keinen Meter nähert – eine fatale Auswirkung der Engstirnigkeit und der in sich selbst geschaffenen Illusion, bereits auf dem definitiv und einzig richtigen Weg des Lebens zu wandeln, welche die Erlangung der Glückseligkeit vollkommen unmöglich macht. Das ewige Begehren als grenzenlose Forderung des Menschen an das Leben ist der Garant seiner dauerhaften Unzufriedenheit. Die Begierde stimmt ihn durch ihre Unerfülltheit unzufrieden, während ihn ihre Erfüllung, einen kurzen positiven Rausch ablösend, wieder daran erinnert, wie kurzweilig und auf dem Weg zur anhaltenden inneren Zufriedenheit und zur dauerhaften Glückseligkeit unnütz sein Verlangen doch war, da ihm die daraus resultierende Freude so schnell wieder entflog und sich in ihm sofort ein neues Verlangen entwickelte. Er bemerkt nicht, dass er längst Knecht seiner Begierden geworden ist; nicht die besonnene Vernunft als Zeichen der Freiheit, sondern die unbesonnene und unfrei machende Lust ist der stetige Lenker seines Lebens. Menschen, denen materielle Dinge seit Anbeginn deren bewussten Denkens wichtiger waren als persönlicher Fortschritt und edles Verhalten, wenden sich häufig, wenn ihnen der Tod in greifbare Nähe rückt, höheren und beständigeren Dingen zu und beginnen zu bereuen, wie sie ihr Leben bislang verbrachten. Der Wandel führt bisweilen soweit, dass sie sogar bereit wären, ihren sämtlichen Besitz, auf dessen Vermehrung und Verbesserung sie ihr ganzes Leben lang bedacht waren, gegen nur ein wenig mehr Lebenszeit einzutauschen, um wenigstens diese in Bedächtigkeit und Besonnenheit gestalten und erleben zu können. Sie wären zur Revidierung all ihrer Handlungen und deren Folgen bereit, um ihr an Tagen alt gewordenes Leben samt seinem Ballast der Falschheit zu vergessen und gegen eine kurze zusätzliche Zeitspanne des Lebens einzutauschen. An ihrem Geld klammerten sie sich fest wie der Adler an seiner Beute, aber ihr höchstes Gut, ihre Zeit, gaben sie voller Unbedacht aus. Obwohl ihre fast lebenslang angedauerte Jagd nach der stetigen Vermehrung des eigenen Besitzes möglicherweise erfolgreich verlief, war es dieses von ihnen als Mittel zum Glück verklärte ewige sammeln und vermehren, welches sie bereits früh auf die falsche Fährte drängte. Sie mögen Profiteure im Geschäft gewesen sein, nicht aber, wie es sich uns nun zeigt, im Leben. Wer aus Profitgier und Profilierungssucht sich der eigenen Vernunft verweigert und jegliche Entscheidung nicht anhand der eigenen Vernunft, sondern an deren Rationalität und Rentabilität misst und demgemäß bereit ist, selbst die unmoralischsten und machiavellistischsten Handlungen zu vollbringen und dafür nicht selten die widernatürlichsten gesellschaftlichen Entwicklungen zu unterstützen und voranzutreiben, indem er dieselben in seinem Egoismus für private wirtschaftliche Zwecke nutzt und sich nicht darum schert, welche Auswirkung sein Handeln auf die Menschen an sich und auf die aus denselben zusammengesetzten Gemeinschaften nimmt, ist kein beneidenswerter Karrieremensch, sondern ein verachtenswerter Verfallsmensch und wirtschaftlicher Machiavellist, der in seinem Egoismus zu einem puren Amoralisten wurde. Es gilt, Dinge wahrhaftig guter Beschaffenheit zu vollbringen und nicht im Sinne des eigenen finanziellen Vorteils, jeden von der Masse akzeptierten Trend ungeachtet seiner negativen Auswirkungen auf die Gesellschaft voranzutreiben und zu bedienen – wem nützen schließlich schon golden umrahmte Spiegel, in welche er selbst nicht mehr hereinschauen kann und wer könnte schon behaupten, es sei erstrebenswerter in der Gesellschaft, als vor dem eigenen Gewissen zu bestehen? Fünf Tage Mühsal und zwei Tage Langeweile oder Betrachtung und Nutzung derselben zwei Tage zur puren Befriedigung der eigenen Lust nicht nur um des reinen Spaßes willen, sondern als empfundene Notwendigkeit zur Vorbereitung auf die immer wiederkehrenden fünf als Bürde empfundenen Tage in dieser schnelllebigen Zeit, sind nicht nur trostlos, sondern zutiefst wider die Natur des Menschen. Glücklich werden kann derjenige, der etwas leistet; eine Leistung besteht aber nicht in einer unbedachten Schinderei zur vermeintlichen Prestigeerlangung, die häufig bloß aus einer geistigen Alternativlosigkeit des Handelnden entsteht und denselben zu Vielarbeiterei treibt und somit letztlich zu einem vereinsamten Selbstausbeuter degradiert. Nicht von der Leistung um der Leistung willen als sturem Prinzip ist die Rede, sondern von einer sinnvollen Leistung, durch deren Erbringung sich der Mensch selbst ausbildet und entwickelt. Der Mensch muss nicht leisten, weil irgendein Sklaventreiber – und existiere selbiger aufgrund zweifelhafter Anschauungen auch nur in ihm selbst – ihn dazu zwingt, sondern weil jeder Mensch ein eigenes Leistungsbedürfnis hat, welches zu befriedigen eine Voraussetzung seines Glückes ist; glücklich ist, wer etwas – sinnvolles – leisten kann und auch darf. Selbstredend muss es private Träger wirtschaftlicher Unsicherheit mit einer hohen Arbeitsbereitschaft geben und manche mögen in dieser Rolle – die dem Lethargiker zweifelsfrei in jeder Hinsicht vorzuziehen ist – ihre Erfüllung finden, doch der Erfahrung gemäß sind die wenigsten Menschen von einer solchen Natur. Unglücklich ist zweifelsfrei das Leben derer, die sich nicht mit eigenen, sondern fremden Beschäftigungen abmühen und ihrem Handeln in aller Ehrlichkeit mit sich selbst keinen Sinn abgewinnen können, sondern dasselbe lediglich als Notwendigkeit zur eigenen Lebenserhaltung betrachten, was zuweilen so weit führt, dass die mit Arbeit verbrachte Zeit als vom wahrhaftigen Leben vollkommen losgelöst betrachtet wird. Wer einen Alltag fristet, von welchem alle fünf Tage eine Erholung vonnöten ist, sollte diese Notwendigkeit und damit seinen Alltag angreifen, anstatt sich Gedanken über die bestmögliche Erholungsweise zu machen. Viele empfinden gar einen Ekel vor der

Gegenwart und entwickeln daraus resultierend eine Sehnsucht nach der Zukunft, ohne zu bemerken, dass sich diese Zukunft stets zur Gegenwart wandelt. Ein bedächtiger Mensch fürchtet den herannahenden Morgen nicht, noch wirkt der Anbruch desselben negativ auf sein Gemüt. Obgleich nahezu jeder über seine als Bürde empfundene Arbeit klagt, wären nur die wenigsten dazu in der Lage, ihre freie Zeit, wenn man sie ihnen denn gewähren würde, sinnvoll, für sie erfüllend und der Gemeinschaft dienlich zu gestalten, sodass diese Kläger sich nach kurzer Zeit wieder zurück in die geregelte Arbeit wünschen würden, in welcher ihr keine Entscheidungsmöglichkeit der Zeitgestaltung gegeben ist; bereits in kurzen Perioden der freien Zeit ist erschreckend festzustellen, dass es viele Menschen nicht vermögen, ihrer freien Zeit einen Sinn abzugewinnen, sondern sich vielmehr in Antriebslosigkeit und Lethargie durch ihre Phase der Langeweile quälen. Hier zeigt sich ebenfalls, dass die dem Menschen gegebene Entscheidungsfreiheit eine große Verantwortung birgt, welcher nicht jeder gewachsen ist – nicht jeder weiß mit seiner frei zur Verfügung stehenden Zeit umzugehen und so neigen viele Menschen dazu, diese kostbare Zeit nicht mit der ihr gebührenden Besonnenheit zu verbringen und ihren Wert geringzuschätzen. Obwohl sie stets über die als Bürde empfundene Arbeit klagen, tragen sie in Wahrheit ein sehr großes Verlangen danach, geführt und geleitet zu, obgleich sie bei jeder sich bietenden Gelegenheit lauthals nach größtmöglicher Freiheit schreien. Der gierige Besitzjäger, welcher sein ganzes Leben ausschließlich auf die Anhäufung von Besitztümern und der Vermehrung seines Vermögens bedacht war, darf sich nicht wundern, wenn er sich im Alter ehrlich vorwerfen muss, dass er durch diese seine Art des Lebens, das wahre Leben verpasst hat. Er war, aber lebte nicht. Erst kurz vor ihrem Ende erkennen viele Menschen dieser Art den Wert der Zeit und die Ursachen der ihnen bislang zugebrachten Trauer als die harmlosen und peripheren Nichtigkeiten, die sie in Wirklichkeit sind. Ein trauriges Faktum ist es, dass dieser Erkenntnisgewinn für ein Gros der Menschen einer dramatischen Notlage bedarf. Menschen, die niemals gravierende Schwierigkeiten erfuhren und bislang über lapidare Belanglosigkeiten schimpften und durch dieselben ehrlich zornig und traurig wurden, realisieren meist erst im Sterben, dass solche Dinge nichts gegen die Situation sind, in der sie sich jetzt befinden. Haltet euch das schrecklichste nur denkbare vor Augen, wenn ihr euch dabei erwischt, durch Belanglosigkeiten ehrlich getroffen zu werden oder gar in unbändige Trauer oder Wut zu verfallen! Es gilt zu lernen, sich von Nichtigkeiten innerlich nicht derart ergreifen zu lassen, dass diese den Gemütszustand ehrlich affektieren und eine gleichermaßen schändliche wie unbegründete Launenhaftigkeit hervorrufen. Das triebische und zügellose, durch einen Überschwung an brennender Emotion verursachte Verhalten der impulsiven Natur übermannt dessen Körper zuweilen völlig und wird in diesen Momenten der vulkanartigen, inbrünstigen Aufwallung der einzig verhaltensbestimmende Teil im Menschen und triumphiert über den Geist, welcher es nicht vermag, wahrlich zu herrschen und das triebische in seinem Körper in Zaum zu halten. Jegliche Kontrolle und jedes Bewusstsein wird der unbesonnenen Natur regelmäßig von seinen Emotionen und Stimmungen entrissen; sein triebisches, ja gar tierisches Verhalten, übernimmt ihn in solchen Momenten vollkommen und lässt ihn der Vernunft zuwider handeln, während es ferner seine Gedanken zerstreut und ihn selbst in eine tiefe Trauer stürzt. Eine versuchte Aufwertung oder Hervorhebung seiner selbst ist neben der Veränderung respektive Vergrößerung des dem Menschen eigenen Besitzes im Allgemeinen nahezu ausschließlich auf oberflächliche Art und Weise, durch die reine Verwendung öffentlich-beschaubarer Merkmale zu beobachten. So sehen wir, ohne auf solcherlei Dinge auch nur eine besondere Aufmerksamkeit zu richten, wie sich in mannigfaltiger Anzahl Menschen auf verschiedensten, zumeist jedoch einzig oberflächlichen, Wegen von der Masse abzuheben versuchen, ohne dabei jedoch zu bemerken, dass sie sich zwar auf ebendieser am einfachsten zu erfassenste Ebene, durch das Hervorstechen ihrer äußerlichen Erscheinung, einer breiten Masse gegenüber zwar in gewisser Weise nonkonform verhalten, im Kern aber nicht ansatzweise jene besonderen Individualisten sind, als welche sie sich im Zuge ihres Verhaltens gerne selbst betrachten, da sie sich – und dies ist all diesen geschaffenen Mikrokosmen gemein –

innerhalb ihrer kleineren Gemeinschaft zu den dieselben ausmachenden Charakteristika zutiefst konform verhalten und auf diese Weise, in ihrem großen Wunsch nach hervorstechender Individualität, nicht selten eine Selbstreduzierung auf ihr materielles Sein vornehmen, welches zwar den am einfachsten zu beschau- und bewertbaren Teil eines Menschen darstellt, in der Gesamtheit desselben jedoch nur einem Teil der das Individuum ausmachenden Gesamtheit entspricht. Es ist in einem solchen Falle nicht die Rede von einer Aufwertung seiner selbst zum Wohlgefallen der Masse, um in derselben eine angesehene Rolle einzunehmen, sondern vielmehr von einer reinen Hervorhebung der eigenen Erscheinung mit einer zuweilen bewusst verfolgten Ausschließung im Sinne einer gewollten Isolierung aus ebendieser Masse, um auf diesem Wege als ein aus ebendieser Gesamtheit ausgebrochener Teil eine dennoch gesonderte Stellung in derselben zu erreichen. Eine bewusste Affektierung der Masse findet so in den meisten Fällen gar nicht beziehungsweise nicht aktiv statt, es sei denn, die bewusste eigene Positionierung außerhalb der breiten Masse ist nicht auf materialistische Charakteristika beschränkt oder wird als Selbstzweck betrachtet, sondern geht mit einer entsprechenden Verhaltensweise einher beziehungsweise wird durch dieselbe zunächst herbeigeführt und fortlaufend angetrieben. Durch solch eine bewusste Positionierung außerhalb des eigenen Adressatenkreises geschieht die Beeinflussung desselben jedoch ebenfalls mit einer gewissen Distanz sowie zumeist von einem selbstgeschaffenen Podest herab, was die beabsichtigte Wirkung der Beeinflussung nicht nur verhindert, sondern der Beliebtheit des versuchten Einflussnehmers selbst alles andere als dienlich ist. Anstatt eine Selbstisolation oder eine nahezu zwanghafte Abgrenzung von der Masse im Sinne eines „Hauptsache dagegen" anzustreben, erscheint es wesentlich erstrebenswerter, sich selbst durch sein eigenes Sein, obgleich dieses auf vielen Ebenen nicht oberflächlich erkennbar ist und in diesem, die Regel bildenden Zusammenhang, überhaupt nur von einem Bruchteil der Masse wahrgenommen werden kann, in ebendieser Masse als ein Teil derselben hervorzutun und als mehr oder minder passives Vorbild aus derselben in sie hineinzuwirken.

Ein schweigendes Vorbild ist ohnehin angenehmer und somit als – wenn auch zuweilen lediglich passiver – Beeinflusser wesentlich erfolgreicher, als ein sich selbst emporhebender Prediger, welcher durch die ständige Vorhaltung einer Partialität seines eigenen Habitus, auf dessen eigentliche Geringfügigkeit er sich in seinem Wahn nicht selten gänzlich reduziert und der er mit nahezu religiösen Zügen die höchste Relevanz zuspricht, lediglich Spott und Verachtung, als Gehör oder gar Nachahmung findet. Sprecht somit in erster Linie nicht von Lehrsätzen und euren Überzeugungen, sondern handelt nach ihnen und das Interesse an eurem Handeln wird ohne euer weiteres zutun entstehen, sobald selbiges als unüblich erkannt wird. Nicht zu übersehen ist in diesem Zusammenhang, dass das äußere Wesen des Menschen respektive seine Erscheinung zu seinem inneren häufig analog ist in dem Sinne, als dass es aus ebendiesem resultiert – die Erscheinung ist der Spiegel der Seele, welcher den hineinschauenden Menschen mindestens zeigt, in welchem Verhältnis der betrachtete Mensch zu seinem materiellen Dasein steht und welchen Wert er seinem Körper beimisst, denn die Seele wirkt – im stetigen Wettstreit mit der Lust – auf die Beschaffenheit des Körpers. Sein vitaler oder vernachlässigter Zustand darf also keineswegs isoliert, sondern nur in Zusammenhang mit der ihn besetzenden Seele betrachtet werden. Unsere Zeit leidet unter der Einbildung, dass sämtliche körperlichen Ausprägungen gleichermaßen gut beziehungsweise schön sind, da dieselben einzig nach ihrer – nur subjektiv bewertbaren – Ästhetik bewertet werden. Die Validierung und allgemeine Akzeptanz einer Ästhetik, welche unweigerlich mit einem dem Körper schadenden Habitus verbunden ist, birgt jedoch nicht nur eine unmittelbare Gefahr für all jene Menschen, denen bereits solch ein Habitus eigen ist, indem sie durch die gesellschaftliche Akzeptanz desselben keinerlei Notwendigkeit sehen, denselben zu ihrem eigenen Wohl zu verändern, sondern ebenfalls eine gesamtgesellschaftliche Gefahr, denn wo das Schädliche akzeptiert und verbreitet ist, ist der perfekte Nährboden für seine Persistenz und seine weitere Verbreitung. Der Mensch muss mithilfe seiner Vernunft endlich Verweigerer und Überwinder seiner unedlen und vernunftwidrigen Begierden und seiner ihn knechtenden Triebe werden, um wahrhaftig frei und besonnen leben zu können. Ungezügelte Triebe führen nicht nur zu einer Missachtung der Vernunft, sondern überschreiten unersättlich jegliches Maß. Nichts entbehrbares zu begehren und keinen Trieben und Süchten zu unterliegen sind Grundbedingungen nicht nur für ein wahrhaftig selbstbestimmtes Leben, sondern auch für eine andauernde Zufriedenheit. Es muss gelingen, dass die Triebe der Vernunft gehorchen und sich ihrer fügen, anstatt ihr vorauszueilen und ihr mithilfe menschlicher Schwäche und Trägheit die Kontrolle über die eigenen Handlungen zu entreißen – Vernunft befiehl, Trieb gehorch'! Sollte euch die innere Zerstreutheit durch den Kampf von Vernunft und Lust wieder einmal plagen, so denkt nur daran, welche langwährende Reue auf den kurzweiligen Genuss im Falle der Fügung vor der Lust in euch – hoffentlich – entstünde. Keine Wünsche nach Belanglosigkeiten zu hegen, ist eine höchst edle und nur schwierig zu erlernbare, asketische Tugend, während eine damit nicht zu verwechselnde, absolute Willensverneinung nicht nur töricht ist, sondern einem geistigen Suizid gleichkommt. Der Mensch ist nicht zum dahinvegetieren bestimmt, wie es ebenso eines Menschen unwürdig ist, ein nach dem Triebe gerichtetes, tierisches Dasein zu fristen, in welchem nicht die Vernunft, sondern einzig das Verlangen regiert.

VII

Neben dem Extremum des fleischgewordenen Materialismus finden wir unter den hiesigen Menschen ebenfalls dessen radikales Pendant, wenngleich Menschen dieses Schlages von Generation zu Generation einen immer geringer werdenden Teil ausmachen. Sie versuchen sich die Welt und insbesondere das von ihr – mindestens für sie – auf materialistischer Ebene nicht erklärbare auf idealistische Art und Weise, mithilfe des Mythos, zu erklären, obgleich das Gebiet des von ihnen auf idealistische Weise gedeuteten und erklärten sich stetig, nicht zuletzt aufgrund der wachsenden, auch von ihnen akzeptierten wissenschaftlichen Erklärbarkeit des Weltlichen, stetig verkleinert. Von einer idealistischen Radikalität kann daher bei vielen nur noch im Bezug auf sehr bestimmte, isolierte Dinge gesprochen werden, deren Inhalt häufig ausschließlich subjektiv gedeutet und gewertet werden kann oder schlichtweg Dinge betrifft, deren Wahrheit weder von ihnen belegt, noch von den Materialisten widerlegt werden kann. Zweifelsfrei sind die Anschauungen solcher der Materie geistig nicht völlig entwachsenen Idealisten, sofern es um ebendiese Materie geht, weitestgehend zu denen der kühlen, materialistischen Weltbetrachter analog. Die Divergenz dieser beiden Weltbetrachtungsweisen zeigt sich erst, wenn Antworten auf unmöglich beweisbare, mythische Fragestellungen gesucht werden und beispielsweise der Frage nachgegangen wird, was mit der Seele des Menschen geschieht, sollte sein Körper die Lebenskraft verlieren – zweifelsfrei eine Frage, bei der weder der eine noch der andere sich der Wahrheit seiner Antwort sicher sein kann, da jene offenbar in der Sphäre des Unwissbaren liegt. Diese Sphäre ist es jedoch, die besonders die Gedanken der idealistischen Naturen beflügelt und die Menschen an Dinge glauben lässt, deren Existenz sie sich wünschen. Nicht jeder beschränkt seine Träumereien jedoch auf dieses isolierte, von der Materie losgelöste Gebiet, sondern verflechtet sie vielmehr mit der ihn umgebenden Welt, um derselben in letzter Instanz jegliche, wirkliche Relevanz abzusprechen. Sie schmücken die erfassbare Welt nicht mit dem Mythos oder ergänzen sie um ihn, sondern verdunkeln sie durch ihre die Materie verachtenden Überzeugungen. Solche radikal-idealistischen Naturen, die der sie umgebenden erfassbaren Welt keinerlei Wert zusprechen und die ihrem Leben einzig einen derart abstrakten Sinn abgewinnen können, dass sie sich in ihrer mystischen Überzeugung zur totalen Aufopferung des eigenen Willens und Denkens treiben, sind keinen Deut besser als ihre in der Materie gefangenen Gegenstücke, sondern stellen als Verächter alles stofflichen, die ihren eigenen Weltbetrachtungen und der menschlichen Vernunft jeglichen Wert absprechen, lediglich das andere Extrem dar. Sie verachten alles Gegenwärtige und Weltliche, indem sie ihr ganzes Leben nach den Regeln ihres Gottes oder, treffender formuliert, einer für sie als Regelwerk fungierenden, antiken Schrift – zu deren Deutung sie üblicherweise zudem noch die Hilfe von dazu vermeintlich berufenen Fremden benötigen – ausrichten. Sie verwandeln sich ihr irdisches Dasein in ein klägliches Jammertal und entmündigen sich selbst, angetrieben durch die Hoffnung, dass sie sich nach ihrem hiesigen Ableben in einem Himmel oder einem Paradies wiederfinden werden können, hinunter zum Tiere. Diese Fähigkeit zur Beruhigung der Menschen ist die entscheidende Essenz und die am stärksten anziehende Substanz nahezu aller Religionen. Genährt durch die größte Angst des Menschen, welche zweifelsfrei in der Wahrwerdung seines Todes liegt, unternehmen religiöse Instanzen seit jeher verschiedenste, besonders in der Vergangenheit sehr erfolgreich gewesene, Versuche, die Menschen mithilfe ihrer variierenden Lehren der Fortexistenz im Jenseits zu beruhigen, indem sie dieselbe nicht nur schaffen, sondern die Erreichung dieses mythischen Zustandes einem jeden versprechen, welcher sich zu den von ihnen aufgestellten Regeln und Gesetzen konform verhält. Haben hiesig etablierte religiöse Instanzen und Vertreter auch an Radikalität – und Macht – verloren, so ist mit dieser Suggestion nach einer möglichen Fortexistenz in einer gedachten Idealwelt und in einem permanenten glücklichen Zustande häufig ebenfalls eine die Angst in den Menschen erstarkende Drohung verbunden, im Falle der Missachtung dieser Regeln nicht nur diesen Zustand nicht zu erlangen und auch nicht wie von vielen angenommen in einer Art Nichts zu vergehen, so als stürbe die Seele bei dem Tod des Leibes gleichermaßen ab, sondern stattdessen in einen ewig andauernden Zustand des Schmerzes und des Leides versetzt zu werden. Religiöse Konzepte dieser Art stellen die größten Verächter des Lebens dar, da sie die Menschen von dem wahren Leben und der gesamten sie umgebenden stofflichen Sphäre zu entfremden versuchen. Der aus ebensolchen Suggestionen resultierende, häufige persönliche Wunsch nach einem erfüllten Dasein in einem gedachten Jenseits führt nicht selten dazu, dass der Egoismus die Triebfeder der Lebensgestaltung wird und die eigenen Taten nicht mithilfe der eigenen Vernunft bewertet sowie nach ihr ausgerichtet werden sowie im Allgemeinen aus dem Willen resultieren, wahrhaftig Gutes vollbringen und als Individuum gänzlich gut sein zu wollen – denn wem das irdisch-gute von Beginn an religiös determiniert ist, wird eigens niemals die Frage nach dem Wesen des wahrhaftig Guten stellen, sondern sich ewig aufopfern für Überzeugungen und nach Maximen handeln, die in Wahrheit nicht die seinen sind und ihn zuweilen in tiefe Selbstzweifel stürzen werden, sollten diese seine Handlungen der ihm gegebenen Vernunft widersprechen. In Ihrem Wunsch nach der Überwindung des temporären Menschenzustandes entreißen sie dem ihnen Bekannten jeglichen Wert und trachten voller Hoffnung nach dem großen Unbekannten, was sie der sie umgebenden Welt zuweilen vollkommen entfremdet. Sogar dem winzigen Stück wahrer, geistiger Freiheit, dass ihnen in dieser Welt gegeben ist, entsagen sie völlig freiwillig für ein Leben nach den Regeln ihres Glaubens, welcher sie durch fantastische Versprechungen über die Vergänglichkeit ihres irdischen Lebens hinwegtröstet. Sie entsagen der eigenen Vernunft und handeln derselben zuweilen sogar zuwider, sofern das durch sie zum allgegenwärtig gültigen Gesetz erhobene Regelwerk zu ihrer eigenen Vernunft in Widerspruch steht; ein Mensch dieser Art vollzieht in sich eine Rückentwicklung zum unmündigen Wesen, welches seiner eigenen Vernunft jegliche Bewertungs- und Entscheidungsfähigkeit – und somit jeden Wert – abspricht. Willentlich sperrt er in seiner Flucht vor der eigenen Verantwortung seinen Geist in den düsteren Kerker der Dogmen. Nicht selten stürzt der innere Konflikt zwischen

Glauben und Vernunft die Menschen in eine tiefe, innere Krisis. Wer seine Vernunft nicht vollkommen unterdrückt, empfindet sein einzig nach dem Glauben ausgerichtetes Leben häufig als Selbstgeißelung, welche jedoch von solchen modernen Flagellanten nicht selten als eine Art notwendige Begleiterscheinung ihres religiös-bestimmten Lebens betrachtet wird und sie in ihrem Verhalten und ihrem Habitus validieren, bis letztlich ihre Vernunft vollends von ihrem unumstößlichen Glauben verschlungen wurde. Ihr Himmel scheint ihnen immerwährend die Sonne zu verfinstern! Der Glaube an das mythische dient ihnen als Therapeutikum, als sinnstiftend und darüber hinaus als welterklärend hinsichtlich Fragen, welche der Logos – generell oder lediglich nach deren Wünschen – nicht zu beantworten in der Lage ist. Die Menschen machen es sich einfach, sich mithilfe des über allem erhabenen Mythos die Dinge so zu erklären, wie es ihnen beliebt, ohne dabei zu bemerken, dass sie dabei in sich selbst die größte Rückentwicklung vollziehen; es eines Menschen als denkendem Individuum unwürdig, Lebensratschläge blindäugig für das eigene Leben zu übernehmen, anstatt dieselben vor einer etwaigen Adaption Kraft des eigenen Verstandes genaustens auf deren Wahrheiten und Essenzen zu überprüfen oder religiös determinierte Anschauungen, ob partiell oder in ihrer Gesamtheit, für das eigene Sein als richtungsweisende und unumstößliche Wahrheiten unreflektiert zu adaptieren und das eigene Handeln in diesem Sinne nach besten Fähigkeiten zwar religionskonform, daraus resultierend aber auch etwaig weltfeindlich zu gestalten, um die aus der Mortalität des eigenen Leibes resultierende Angst mit religiösen Versprechungen und eigenen mythischen Wunschvorstellungen zu bekämpfen. Die Religion und der Glaube als über der Materie stehende Welterklärer werden von religiösen wie zuweilen auch von der Selbstbeschreibung nach nicht gläubigen Menschen immer wieder zum gleichermaßen geliebten Zweck der Negierung der eigenen Verantwortlichkeit bei der Erscheinung des Negativen gebraucht. Abträgliche Geschehnisse, deren Ursachen entweder innerhalb der materiellen Sphäre unerklärbar sind, wesentlich häufig aber einzig und offensichtlich im Handeln der betroffenen Menschen zu suchen sind, werden von denselben zu übersinnlichen, vorherbestimmten Ereignissen erhoben, um damit sämtliche Schuld von sich zu nehmen, sich jegliche wahrhaft eigene Beteiligung an ebendiesem Geschehen abzusprechen und die eigene Verantwortlichkeit auf einen beliebig weitgefassten Schicksalsbegriff abzuwälzen, um sich nicht mit den wahren Ursachen des eingetretenen Effektes – und damit mit sich selbst – auseinandersetzen zu müssen. Als Schicksalsschläge empfundene Negativereignisse müssen auf objektiver Ebene zerlegt und untersucht werden, um mit ihnen leben und sich ferner über dieselben erheben zu können. Krankheiten sind häufig nur somatischer Natur und lediglich den Körper schwächend und behindernd, den Geist aber der Sache nach nicht beeinflussend; zumeist liegt es einzig an den Menschen und deren Geisteshaltung, Kraft des eigenen Willens negativen Ereignissen nicht nur zu widerstehen und deren Auswirkungen zu ertragen, sondern jene retrospektiv betrachtet als unabänderliche Gegebenheiten und etwaig irreversible Einschränkungen zu akzeptieren und sich von denselben nicht erschüttern zu lassen. Ein Glaube kann Botschafter und Verkünder gleichermaßen hoher wie edler Verhaltensweisen sein und in diesem Sinne für einige lediglich als Orientierungshilfe fungieren, indem aus ihm das – bewusst unerreichbare – Idealbild menschlichen Seins abgeleitet wird und somit möglicherweise als glühendes Leitbild des gerechten Handelns dient, allerdings haben Religionen keinen alleinigen Anspruch auf solch eine die Menschen beeinflussende Rolle. Im Allgemeinen muss jeder Wink, jeder Rat und jede Empfehlung ganz gleich welchen Ursprungs, Kraft der eigenen Vernunft und des eigenen Verstandes vor einer etwaigen Adaption des Wahrgenommenen genaustens untersucht werden, ganz gleich, wie überzeugend und wohlklingend etwas ohne eine eigene Reflexion zunächst auch klingen mag, um nicht nach einem fremden Willen oder gar als Knecht eines Diktats in Unmündigkeit zu leben. Die Religionen und insbesondere ihre Geschichten liefern uns das perfekte Beispiel der unreflektierten, das eigene Leben stark affektierenden Adaption solcher Diktate – die wenigsten Menschen schließen sich aus eigenen Studien und daraus resultierenden Überzeugungen einer religiösen Gemeinschaft an, sondern werden in dieselbe im wahrsten Sinne des Wortes hineingeboren, da ihnen der religiöse Glaube als kulturelles Erbe von der Gesellschaft und der Familie als unumstößliche Wahrheit diktiert wird, doch ist die Gestaltung des Lebens anhand eines absoluten Idealismus gleich einer Orientierung an einem radikalen Rationalismus oder Materialismus der Garant für die Unerfülltheit menschlichen Seins. Eine Befragung sowohl des Logos als Entscheidungsträger in objektiv bewertbaren Angelegenheiten ist ebenso wichtig wie eine Orientierung am Mythos, welcher allerdings nur die hohen und idealistischen Fragen beantworten sollte, auf welche der Logos aufgrund deren rein subjektiven Natur niemals eine Antwort zu geben in der Lage sein wird. Weder die Negation des Realen noch die Verschmähung des Idealen sind der richtige Weg, sondern die Separierung des Realen in Wesentliches und Unwesentliches sowie die Achtung und Beachtung der eigenen Vernunft und der sich aus ihr hervorgehenden, selbst gesetzten Maximen hinsichtlich jeglichen Handelns, um sowohl die einen umgebene Welt positiv zu beeinflussen, als auch mit sich selbst in Harmonie zu leben. Mithilfe des eigenen Verstandes und der eigenen Vernunft gilt es, den eigenen Weg zu finden und auch zu begehen. Der gesunde, nachdenkliche Geist ist in seinem Zweifeln die produktive Kraft der menschlichen Entwicklung und der Begründer der Philosophie, mit welcher sich der nachdenkliche Mensch der Erklärung der ihn verwundernden Welt annahm – das Zweifeln und die Fähigkeit des Sich-wunderns sind somit nicht nur der erste Schritt zur Erkenntnis, sondern zugleich stetige Begleiter und Inspiratoren auf diesem Wege. Zweifelsfrei traurige Seelen sind es, welche ihrem Leben keinen Sinn abgewinnen können, aber ebenfalls nicht viel besser ergeht es jenen, die sich blindäugig in eine religiöse Gemeinschaft einreihen um einem zwar höheren, aber fremddefinierten Zweck zu dienen und es damit ebenso wenig verstehen, dem Leben aus eigener Kraft einen Sinn zu verleihen. Sein Glück zu finden, vor allem aber zu bestimmen, ist die hohe Aufgabe eines jeden Einzelnen. Die Religion ist vielen Anker als auch zugleich Verkünder eines scheinbar allgemeingültigen Regelwerkes für das eigene Handeln im Leben; mögen manche durch die Religionen festgelegten Regeln und Empfehlungen auch an sich weder schändlich noch wider die Vernunft sein, so ist derselben dennoch die blinde Adaption dieser Reglements für die eigene Lebensführung zuwider, welche die Vernunft gänzlich übergeht und ein gesamtes Leben durch als unumstößliche Wahrheiten empfundene, adaptierte Denk- und Handlungsmuster sowie Ängste vor deren Nichtbeachtung prägt. Die geschilderte Angst vor dem absolut weltlichen, deren höchste Ausprägung sich in der Angst vor dem Sterben des eigenen Körpers zeigt, sowie die von den Religionen angepriesenen Annehmlichkeiten in einer anderen, jenseitigen Welt sind nicht selten Auslöser für eine im Individuum vollzogene vollkommene Entwertung der für ihn lediglich temporären, erkennbaren Welt. Diese Entwertung führt in höchster Radikalität dazu, dass ein sich solch entwickelter Mensch jegliche Handlung einzig mit dem Ziel der Erreichung eines von ihm angestrebten mythischen Zustandes im Jenseits vollbringt und dabei nicht deren Wirkungen auf die stoffliche Welt bedenkt, er seine Handlungen also nicht nach weltlichen Kriterien mit dem primären Ziel nach einer Wirkung auf und einer positiven Veränderung von der ihn allzeit umgebenden, von ihm erkennbaren weltlichen Sphäre an sich bestimmt. Der skeptische Geist muss sich, da ihm eine Wahrheitsfindung in dieser Angelegenheit nicht möglich ist, vorstellen, dass es ebenfalls denkbar ist, dass es wahrhaftig nichts gäbe, was über die uns umgebende materielle Sphäre hinaus besteht. Jedes individuelle Leben, welches sich einzig mythisch determinierten Regeln verschrieb und der eigenen Vernunft jegliches Recht aberkannte, wäre in seiner gesamten Ausdehnung für ebendieses Individuum hinsichtlich dessen Ziels bedeutungslos gewesen. Wenn es sich auch viele einzubilden und einzureden versuchen, so ist es uns doch unmöglich zu wissen, was uns nach unserem Tode, nach dem Absterben unseres Leibes widerfährt, wohl ist uns aber mannigfaltiges Wissen um die Materie eigen und mithilfe unseres Verstandes, unserer Beobachtungen und unserer Erfahrung können wir daraus ableiten und abschätzen, wie unser Habitus auf ebendiese Materie wirkt und welches Verhalten demnach von uns nach der Befragung unserer Vernunft anzustreben ist. Der Glaube an ein anderes oder besseres Leben im Jenseits, um das diesseits samt seinen sämtlichen Negativitäten besser verleumden und ertragen zu können, ist ein Verlangen nach einem ungreifbaren Idealzustand und letztlich ein Verlangen nach dem eigenen, realen Untergang – solch ein Glaube ist ein Ausdruck von Überdruss am eigenen, bekannten Leben, welcher über ebendieses Leben hinwegzutrösten versucht, um dessen Relevanz unter der Hinzunahme einer ideellen, jenseitigen Welt, letztlich vollständig zu negieren. Ihrer Einbildung nach ist ihnen die Relativität der Zeit nebst dem vermeintlichen, universalen Lebenssinn mit einer starrsinnigen Gewissheit bekannt. Mögen sie selbst sogar einmal Sucher und Begehrer der Weisheit gewesen sein, so tauschten sie diese ihre Begierde an dem Punkte gegen diese ihnen nun eigene mythische Vorherbestimmtheit ein, an dem ihre Augen den Schein der Wahrheit nicht mehr ertragen konnten. Um zu verstehen, dass ein realitätsverachtender Idealismus zu vollkommen irrationalen und vernunftwidrigen Handlungen führen kann, müssen wir nicht etwa weit in der Geschichte, in die Zeiten der bedingungslosen Akzeptanz der Kirche, zurückblicken, sondern nur eines sehenden Auges durch unser Leben und die Welt schreiten. Der unumstößliche Glauben an die Verfolgung des einzig richtigen gepaart mit der Überzeugung, durch dieses seine Handeln einen ewig andauernden, glückseligen Endzustand erreichen zu können, treibt die Menschen in ihrer Angst und Überzeugung zu Taten, die für die Welt nicht nur auf materialistischer Ebene große Gefahren bergen. Individuell betrachtet ist letztlich aber weniger entscheidend, welches Verhalten zur Erreichung des geglaubten und erstrebten Endzustandes führt, sondern vielmehr, dass in diesem Sinne nur dann gehandelt werden sollte, wenn es mit der eigenen Vernunft nicht im Widerspruch steht. Eine radikale, die Relevanz der Materie verneinende Überzeugung jedoch, deaktiviert die Vernunft im Menschen vollkommen und treibt ihn zu Taten, welche ohne die Hinzunahme des mythischen, also auf rein materieller Ebene, niemals gerechtfertigt werden könnten, sondern in höchstem Grade vernunftwidrig sind. Das eigens Bewertbare zugunsten eines unmöglich zu Wissenden zu entwerten, ist sowohl an sich als auch aufgrund der daraus resultierenden Effekte in jeglicher Hinsicht negativ und regressiv. Viele scheinen noch Versprechungen für das eigene Nachleben zu bedürfen, um es im weltlichen Leben aushalten zu können, aber Taten jedoch sollten nicht aus einer Angst resultieren, sondern aus dem Wissen, das richtige zu tun sowie ferner der Geist nicht nach Lügen respektive vermeintlichen Wahrheiten gieren soll, sondern nach definitiven Wahrheiten, zu welchen es auch gehört, dass manche Dinge Kraft des menschlichen Geistes nicht zu erklären sind und demnach niemals gewusst, sondern lediglich geglaubt werden können. Dieser Glaube jedoch sollte in seiner Relevanz für das eigene Leben niemals über das eigene Wissen und den eigenen Verstand gestellt werden. Mag jemand auch gegen religiöse Dogmen aufgrund ihrer freiheits- und indivualitätsbeschneidenden Charakteristik, weil sie die Fragen nicht nach seinem persönlichen Wollen beantworten oder weil er eine an sich antiautoritäre Einstellung vertritt, rebellieren und durch seine höchst idealistische Natur dennoch andere Antworten auf die Fragen dieser Zeit und des Lebens im Allgemeinen geben als der reine Materialist, so findet er die ihn auf seiner Suche nach alternativen Deutungen der Realität und Alternativszenarien nach dem Dahinscheiden seines Körpers bekräftigende Validierungen nebst weiteren irrealen Versprechungen und Imaginationen nicht selten in esoterischen wie obskuren Hausfrauenheftchen und –büchern, welche neben mannigfaltigen illusorischen Versprechungen nichts weiter als philosophisch anmutende Sentenzen ohne jegliche Essenz sowie aus den Zusammenhängen gerissene Zitate enthalten, die sich ein jeder zu hören und an deren Inhalte sich ein jeder Idealist zu glauben freut. Wer sich in idealistische Weltgebilde stürzt mit der Intention, dem realen samt seinen Gesetzen entkommen zu wollen, sucht keine Wahrheiten, sondern lediglich Beruhigung in Form von Versprechungen und Verheißungen, die das alle umgebende Beschaubare entwerten und an dessen Stelle ein fiktives Traumszenario stellen, an welches entgegen jeder Vernunft geglaubt werden kann. Werke solchen Inhalts erfüllen lediglich die Funktion von Sedativa, welche all jene durch ihre Versprechungen beruhigen, die durch das rein materiell Bewert- und Erfassbare sowie verschiedene religiöse Versprechungen nicht zufriedengestellt werden können. Beruhigen und Versprechen können jene

Schmierblätter ohne jegliche philosophische Essenz, nicht aber Menschen positiv entwickeln, sondern denselben in ihrer Verwirrung lediglich einen schleierhaften Hafen bieten, in welchem sie ruhig und träumend auf das Schiff des Todes warten können. Die Flucht in höchst idealistische Sphären durch esoterische und spirituelle Abstrakta ist als Negierung des Wertes des Realen gleichbedeutend mit einer Flucht vor der Wahrheit. Der Mensch täte gut daran, nach Erkenntnis und einer gesunden Geisteshaltung zu streben, anstatt sein eigenes Denken und seine eigene Vernunft durch die vollständige Adaption einer religiösen Lehre zu übergehen oder in sich einen Glauben nach dem Baukastenprinzip zu entwickeln, der ihn der Welt völlig entfremdet und ihn nicht selten zu einer egoistischen Apathie treib. Eine zunehmende Verweltlichung ist für die stetig fortschreitende, positive Entwicklung des Menschen unabdingbar.

VIII

Die Frage nach dem Sinn des Lebens beschäftigt den Menschen seit über Tausenden von Jahren – Tausende von Jahren, in denen noch immer keine allgemeingültige Antwort, kein Patentrezept für die richtige Führung des Lebens gefunden wurde und auch in in den nächsten tausend Jahren nicht gefunden werden wird, weil jener gesuchter, allgemeingültiger Sinn, jedenfalls in seiner detaillierten Vollkommenheit, einzig individuell gefunden werden kann. Manche glauben, diesen Sinn in der geschilderten realitätsverachtenden Religion, andere in deren Gegenteil, dem idealismusverachtenden Streben nach Besitz zu finden, während wieder andere den von ihnen ebenfalls für allgemeingültig gehaltenen Lebenssinn – in ganz epikuristischer Manier – in dem Erleben des größtmöglichen Genusses und des geringsten Schmerzes sehen, während radikalere, ihnen an Besonnenheit zweifelsfrei nachstehenden Naturen, in einen absoluten Hedonismus verfallen und ihn für die einzig richtige Lebensweise halten. Ganz gleich jedoch, auf welchem Wege und auf welche Weise jemand die persönliche Erfüllung auch suchen mag - nachdenkend die richtige Art gefunden zu haben sowie sein Handeln retrospektiv betrachtet erklären und als gänzlich gut empfinden zu können, sind bloß die Wenigsten zu in der Lage. Diese Unsicherheit im Menschen nach der bestmöglichen Gestaltung seiner ihm stetig zunehmend schwindenden Zeit trägt dazu bei, dass er sich in seinem freien Fall an verschiedenste, sich ihm bietende Möglichkeiten klammert und an Regeln, Normen und allgemeine Lebensweisen anpasst, ohne dieselben Kraft des eigenen Verstandes zuvor zu hinterfragen. Seine Angst vor möglicherweise verheerenden Auswirkungen einer Fehlentscheidung in dieser gewichtigen Gestaltungsfrage vermag es, ihn zu einer gefährlichen, bewussten Abstrahierung des Faktums der eigenen zeitlichen Begrenztheit zu treiben oder ihn in seiner verzweifelten Orientierungslosigkeit zu Religionen und anderen idealistischen Quellen hinzuführen, welche ihm seine Angst vor einer etwaig falschen Lebensführung mithilfe von Suggestionen und Versprechungen im Falle der Adaption ihrer mehr oder minder streng auferlegten und aufgefassten Regeln zu nehmen versuchen und ihm seinen in seinem Unterbewusstsein schlummernden Wunsch, im Leben geführt werden – und damit Verantwortung abgeben – zu wollen, gerne erfüllen. Leben bedeutet jedoch nicht nur Sein, sondern Tun, Handeln und Entscheiden. Da Entscheidungen aber mitunter gravierende Folgen haben können, welche zuweilen nur schwer vorhersehbar oder sogar vollkommen unabsehbar sind, präferieren es viele im wahrsten Sinne unfreie Gemüter, anstatt falsch, lieber gar nicht zu entscheiden. Sie sind bestrebt, diese dem menschlichen Schicksale entsprechende Entscheidungspflicht weitestmöglich von sich zu weisen und an Instanzen und Dritte zu delegieren, von welchen sie absurderweise glauben, dass sie es besser verstünden, wie sie sich selbst im Leben verhalten sollten als sie selbst und die ihnen innewohnende Vernunft – und sollten sie in ihrem blinden Nachrennen auch einen tiefen Abhang hinunterstürzen, so können sie sich schließlich immer noch damit trösten, dass in Wahrheit ja gar nicht sie es waren, die diesen Weg einschlugen und sie folglich auch gar keine Schuld trifft, sondern dass dieses ihnen widerfahrene Unglück für sie von jeher vorherbestimmt war – dass sie aber jemand schlichtweg auf eine falsche Fährte lockte, kommt ihnen nicht in den Sinn, sondern wird von ihnen mit voller Überzeugung gänzlich ausgeschlossen. Wollen viele auch vor ihrer Verantwortung fliehen und ihre eigene Verantwortlichkeit durch Ablenkung, Adaption und Aufschub vergessen und ignorieren, so sei diesen Verneinern des Lebens gesagt, dass das kategorische Handeln die unumgängliche Aufgabe und das wahrhaftige Schicksal des besonnenen Menschen ist! Unsere Entscheidungen bestimmen unser ganzes Leben und gehen in ihren Auswirkungen häufig noch weit über dasselbe hinaus. Unsere Vernunft als Überwinder triebischen Verlangens und unser Denken in der Rolle des Urhebers unseres Handelns, ermöglichen es uns, in uns eine besonnene und weitumfassende Weltanschauung zu erschaffen, welche unser Tun in sämtlichen Bereichen des alltäglichen Lebens beeinflusst und gänzlich frei ist von Bestimmungen und Orientierungen, die nicht nur im Widerspruch zu unserer Vernunft stehen, sondern von derselben niemals einer kritischen Prüfung unterzogen wurden, sondern sich schlichtweg an uns hefteten und ein Teil unseres Denkens und Handelns wurden, ohne dass wir überhaupt Gründe für dieses unsere Verhalten nennen könnten. Unser menschliches Schicksal fordert von uns, unser Leben aktiv durch unsere ständigen Entscheidungen zu lenken sowie zu gestalten und neben unserem Verstand mahnt uns ebenfalls die Historie, unserem Schicksale nicht durch Illusionen und Einredungen entfliehen zu wollen. Der Mensch ist kein stummer Betrachter seines Lebens, sondern Lenker und Gestalter desselben, wie er im großen der Gestalter der die Natur ergänzenden Kultur und Umwelt ist. Er sollte sich davor hüten, aus Angst vor Entscheidungen das eigene Leben gleich einem Theaterspiele, welches ihn zwar berührt und erheitern oder – je nach Szene – auch ehrlich traurig stimmen kann, lediglich ängstlich zu beschauen und nur in den wahrhaftig unausweichlichen Entscheidungssituationen den Verlauf desselben wahrhaftig zu beeinflussen. Wer zu Handeln vergisst, vergisst zu leben – und wer über sein Handeln nachzudenken vergisst, vergisst besonnen zu leben; Eltern lassen ihre Neugeborenen taufen und unterziehen sie diesem religiösen Akt, obwohl sie mit der zu dieser Sitte gehörenden Religion einzig ein mit Tinte beflecktes Dokument verbindet und sie ihr Handeln, über welches sie bislang nicht in genügendem Maße nachdachten, wohl einzig mit der Tatsache begründen und erklären würden, dass es sich eben schickt und dass es sich bei der christlichen Taufe um eine allgemein gängige Praxis hiesiger Neugeborener handelt und man dies aus diesem Grunde eben ebenfalls so tue. O, zu welch einer Persönlichkeit soll sich solch ein junges Leben denn entwickeln, wenn die ihn erziehenden Eltern unreflektiert Handeln und ihm die Gründe für dieses ihre Handeln nicht erklären können! Eine vom Menschen begangene Handlung sollte niemals ohne eine vom ihm erklärbare und zu dieser Handlung treibenden Ursache vollzogen werden; keine Handlung sollte ohne eine Hinterfragung und Bewertung sowohl des Ursächlichen und des Beabsichtigten als auch des davon abweichenden Möglichen vollführt werden. Wer sein Handeln nicht ergründen kann, handelt nicht aus freiem und besonnenen Geiste! Und derjenige, der bewusst wider seine Vernunft handelt, um nicht gegen von unbesonnenen und lediglich imitierenden Gemütern verlangte Sitten zu verstoßen, sollte sich schämen, dass er seinem eigenen Verstande und seiner eigenen Vernunft so wenig zutraut! Denn wenn dein Handeln nur der Vernunft gemäß ist, was kümmern dich schon die Urteile von ein paar sturen und engstirnigen Griesgramen, die in ihrem Handeln die Vernunft missachten und durch dasselbe ihrem Körper und ihrem Geist schaden – weil man dies eben so tut! Solche kollektive Unachtsam- und Gedankenlosigkeit führte nicht zuletzt dazu, dass der Konsum von Alkohol und anderen Drogen in gewissen Situation längst als notwendiger Bestandteil derselben gilt und mit verschiedensten Anlässen derartig verschmolzen ist, dass in den Menschen häufig eine von ihnen adaptierte, aber nicht hinterfragte ebensolche Verknüpfung von eigentlich voneinander unabhängiger Dinge existiert, wodurch sie sich nicht nur selbst dieser künstlichen Symbiose entsprechend verhalten, sondern ferner seine Existenz auch in den Köpfen anderer manifestieren und zu erhalten versuchen. Anstatt, genanntes Beispiel fortführend, die eigene Vernunft einmal zu befragen, wieso sie selbst eigentlich solcherlei betäubender und schädlicher Dinge bedürfen, um sich zu amüsieren, präferieren diese wahrhaftig unfreien Geister es, ihr eigenes Verhalten in ihrem Herdentrieb an sämtliche Normen anzupassen, ohne dieselben zuvor mithilfe ihres Verstandes und ihrer Vernunft betrachtet und bewertet zu haben. Anstatt das Zepter der Vernunft zu umschließen und Kraft desselben ihr Leben und Tun wahrhaftig besonnen und selbst zu bestimmen sowie das eigene Verhalten auf exzentrisch-objektiver Ebene mindestens gelegentlich zu beschauen und sich daraus ergebend ihrer einmal entflammten Laster zu schämen und sie von sich werfen zu wollen, werden ihnen selbige, häufig begünstigt durch nicht wahrnehmbare, jedoch dadurch bereits entstandene Negativitäten, derart zur Gewohnheit, dass sie sie letztlich als notwendige Voraussetzungen ihres Glücks begreifen – und sollten in ihnen doch zuweilen Zweifel über die Richtigkeit ihres Verhaltens entstehen, sollte ihre Vernunft gegen ihr Verlangen und ihre Unbeschwertheit zu rebellieren beginnen, so finden sie in dem Faktum, dass viele ihrer Zeitgenossen ihnen in der charakterlichen Schwäche nicht nachstehen, ihren sie beruhigenden Trost. Die kollektive Erwartungshaltung hinsichtlich des individuellen Verhaltens und die auf dieses Verhalten reagierende kollektive Validierung oder Empörung bestärken neben den allgemein vertretenden Verhaltens- und Denkweisen die Beständigkeit solcher Normen maßgeblich. Viele gesellschaftliche Normen und kollektive Marotten wurden somit längst zu niemals hinterfragten und scheinbar immerwährend gültigen Standards erhoben, obwohl dieselben häufig nicht nur irrational oder rein subjektiv bewertbar, sondern schlichtweg schädlich und der positiven Entwicklung des Menschen abträglich sind. Es ist ein schwerwiegender Irrtum zu glauben, dass der Mensch, nur da er um das vermeintlich beste Verhalten weiß, notwendigerweise diesem seinem Wissen gemäß handelt; die rationale Gewissheit vermag in Wahrheit nur die wenigsten Menschen wirklich zu überzeugen und eine beständige, vernunftgeleitete Handlungsweise hervorzurufen. Ein die objektive Sphäre ergänzender idealistischer Überbau, der als Beweggrund vernunftgemäßen Handelns fungiert, ist neben einem ehernen Willen im Menschen essenziell für eine dauerhafte Orientierung seines Handelns an der eigenen Vernunft. Dieser Beweggrund beziehungsweise Antrieb eines solchen in der Anfangsphase meist als Selbstgeißelung empfundenen vernunftgeleiteten Handelns ist der wichtigste Faktor für die Beständigkeit desselben. Mag sich jemand aus einem niederen oder einem ihn nicht wahrhaftig überzeugenden Antrieb eine edle Verhaltensweise angewöhnen, so wird er diese nicht allzu lange beibehalten, sondern spätestens an dem Zeitpunkt abgelegen, an dem sie ihm schwierig zu werden beginnt und er sich die Frage nach dem eigentlichen Warum nicht beantworten kann. Eine häufige sich daraus ergebende Folge ist die scheinbar bewusste Entscheidung gegen die Vernunft und zugunsten des Verlangens, da die aus der Befriedigung desselben gewonnene Lust solchen Menschen, denen es nicht etwa an der Fähigkeit zur rational-materialistischen Bewertung, sondern an einem idealistischen Antrieb mangelt, als begehrenswerter gilt, als die Effekte vernunftgeleiteten Handelns, welche sie häufig nicht nur als Deprivation, sondern in ihrer meist bereits seit langer Zeit bestehenden Abhängigkeit gar als ein Martyrium begreifen, welches die Erfüllung der von ihnen in ihrer Unbesonnenheit geliebten Lüste verhindert. Selbst wenn eine einst aus der Verfolgung der Lust entstandene, schädigende Verhaltensweise in ihrer reinsten Form, als lasterhafte Abhängigkeit vom Menschen selbst erkannt wird, so führt diese Erkenntnis allein nur selten zu einer Überwindung und Änderung des amtierenden Verhaltens, sondern meist bloß zu einer Bewusstwerdung des stetig herrschenden, innerlichen Kampfes, aus welchem die Lust der Erfahrung gemäß leider wesentlich häufiger als Sieger hervorgeht. Ich bin der Überzeugung, dass, mindestens in alltäglichen Dingen, gar viele um das Gerechte und Vernünftige wissen, sich jedoch bewusst gegen jene dazu passenden Handlungsweisen entscheiden, da ihnen der aus der Missachtung derselben entstehende Genuss erstrebenswerter erscheint als die Orientierung an der Vernunft selbst. Wem mag es schließlich unbekannt sein, dass viele Begierden dem menschlichen Gemüt, wie die Erfüllung derselben dem eigenen Körper und zu Teilen gar dem gesellschaftlichen Zusammenleben schaden? Wer würde es schon als vernünftig bezeichnen, sich der eigenen Kraft und Gesundheit durch niedere Genusserfüllung zu berauben, welche lediglich eine kurzweilige Befriedigung bewirkt? Wer hielte es schon für der Gemeinschaft dienlich, anderer Besitz zu rauben oder denselben zum Zwecke der eigenen Lust und Befriedigung oder des eigenen Vorteils Leid anzutun? Handlungen wider die Vernunft kommen dennoch tagtäglich vor, da viele die Nützlichkeit vor die Vernunft zu stellen scheinen oder eher gesagt, der Vernunft nur folgen, sollte dies ihrer individuellen Nützlichkeit nicht nachteilig sein, während andere es gar nicht erst vermögen, ihre ihnen noch eigenen Triebe zu unterdrücken und gänzlich nach dem Geiste zu entscheiden. Es bestätigt sich, dass das Wissen um das richtige Handeln häufig nicht ausreicht, um ebendieses zu vollführen. Vermag der Mensch es nicht, sich über Beschwerlichkeiten hinwegzusetzen und seine Laster abzulegen, so bleibt ihm sein ihn kennzeichnendes Ziel, sein eigentlicher Sinn, unerreicht, denn die Entwicklung und Stärkung des Menschen kann notwendigerweise nur aus der Überwindung seiner Schwächen und einem Triumph seiner Vernunft über sein Verlangen resultieren. Es ist keine Ausnahmeerscheinung, von einem jungen

Menschen zu hören, dass er nur aus finanziellen und nicht etwa aus gesundheitlichen Gründen oder gar aufgrund der Achtung seiner inneren Vernunft, sein ihm schadendes Verhalten von nun an reduziert beziehungsweise mit einem weinenden Auge reduzieren muss, da er entweder sowohl seine Gesundheit als auch die Stimme seiner Vernunft für unwichtig hält oder er das Faktum der aus seinem Handeln resultierenden Selbstschädigung negiert beziehungsweise selbiges, in diesem Moment seines jugendlichen Leichtsinns die Auswirkungen auf sein gesamtes Leben und dessen erhoffte, lange Dauer projizierend, für gänzlich irrelevant hält. Die Akzeptanz und die allgemeine Verbreitung solchen Verhaltens in der Gesellschaft und anderen Teilen seiner Generation der Degeneration, wirken dabei noch zusätzlich bestärkend auf ihn ein. Es zeigt uns ferner die Erfahrung, dass solch ein unbedachtes Verhalten mit dem Fortschreiten des Alters nur in wenigen Fällen abgelegt werden kann, sondern dass solche individuell zur Norm gewordenen Verhaltensweisen wesentlich häufiger zu Glücksspendern verklärt werden, ohne deren Hilfe die eigene individuelle Zufriedenheit nicht gedacht und daraus folgend auch nicht erreicht werden kann. Ein junger Mensch ist die rohe Form seiner Natur als anpassungsfähigem und erziehbarem Wesen und in dieser seiner Rolle in Tun und Denken formbar und flexibel wie sein junger Körper. Mit fortschreitendem Alter jedoch verliert er seine Wandelbarkeit zunehmenst und droht in starre, von ihm selbst nicht erklärbare Denk- und Verhaltensmuster zu verfallen. Desto älter an Jahren, desto schwieriger wird es, den Menschen zu beeinflussen, weswegen die edle Erziehung des jungen Menschen zweifelsfrei die wichtigste Notwendigkeit in der Schaffung eines skeptischen, wissbegierigen und starken Individuums darstellt, welcher der Entsagung aller unedlen Handlungen fähig ist. Es ist ein wirklich abstruses Faktum, dass sich ein jeder vor sich augenblicklich bemerkbar machenden Selbstschädigungen, besonders im Falle einer vorhandenen äußerlichen Erkennbarkeit – so wie auch das Gewicht des eigenen Körpers häufig nur anhand des ästhetischen Aspektes bewertet wird –, hütet, sich aber ein Großteil der Menschen selbst nicht sofort bemerkbare Schäden somatischer und geistiger Natur völlig freiwillig und in den meisten Fällen absolut bewusst zufügt.

Neben dem individuellen Genuss treibt ebenfalls – wie bereits geschildert – die Orientierung an der, oder anders formuliert, einer Masse, die Menschen zu solchem Verhalten und lässt diese Verlorenen, welche ein Teil der von ihnen bewunderten Masse zu sein als wichtiger erachten als die Entwicklung ihres eigenen Seins und Befindens, sich an ebendiesen, noch zusätzlich angetrieben durch stetige, äußere Validierung, festklammern. Die Kompatibilität ihres Verhaltens zu den an sie gestellten Erwartungen gilt ihnen mehr, als der Stimme der eigenen Vernunft zu folgen. Sie öffnen jedem ihren Geist, sodass ein jeder sie in Aufregung und Verwirrung versetzen sowie ebenfalls zu schändlichen und abträglichen Handlungen treiben kann. Sie behandeln ihren Körper als wäre jener unversehrbar und schädigen ihn in ihrer Liebe zur Bequemlichkeit oder zur Befriedigung ihrer gemeinen Lust, anstatt, um sich als wahrhaftig freier Mensch entfalten zu können, diese ihre niedere Lust und ihr ihnen schadendes Verhalten zu überwinden und somit dem Ruf ihrer Vernunft zu folgen, welche, eine gesunde Konstitution derselben vorausgesetzt, sie stetig dazu mahnt. Erneut zeigt sich der im unbesonnenen Menschen stetig stattfindende Kampf zwischen seiner Vernunft versus die ihn plagenden, schädlich wie schändlichen Begierden. Dieses Wissen um das rechte Handeln kann zu einem individuellen Verhängnis führen, wenn man es nicht vermag, dieser seiner Erkenntnis gemäß zu handeln, sondern vor sich selbst kapitulierend feststellen muss, vielmehr Knecht seiner Lüste, als wahrhaftig frei entscheidend und handelnd zu sein.

IX

Für eine Progression des Menschen ist die Bezwingung niederster Triebe Kraft der Vernunft und des vernunftgeleiteten Willens unverzichtbar. Die Kraft des Menschen entsteht wesentlich aus dem Kampf mit sich selbst und der Überwindung seiner Laster und Schwächen. Er ist das Lebewesen, welches sich stets aufs Neue überwinden muss. Die positive Entwicklung des Menschen kann nur durch ein Verhalten geschehen, welches unbesonnenen Geistern fälschlicherweise als Selbstzwang anmuten wird. Die Entsagung der niederen Triebe und damit die Loslösung von der Abhängigkeit derselben stellt nicht etwa eine Selbstgeißelung aufgrund von Verzicht auf Begehrtes dar, sondern vielmehr eine Befreiung des Ichs vom Begehren solcherlei Dinge selbst und ist somit sowohl des eigenen individuellen Seins als auch der Gemeinschaft dienlich. Ist die einem Menschen innewohnende Lust oder gar Sucht so stark, dass sie die Werdung der Vernunft vom Erkenner zum Lenker verhindert, so muss diese ausgemerzt werden, wie irreversibel verletzte Gliedmaßen zum Wohle des gesamten Organismus amputiert werden müssen. Das triebische Verhalten im Menschen muss schleichend aber nachhaltig überwunden werden, wobei es das Ziel jeder Generation sein sollte, die ihnen vorausgegangene in jeglicher Hinsicht zu übertreffen. Der Mensch betrachtet sich nur zu gerne zu jeder Zeit als Krone der Schöpfung und als ein Teil der besten aller bislang dagewesenen Generationen, doch steht er häufig nicht nur dem Menschen der Vergangenheit, sondern selbst dem Tiere mit weiter Entfernung nach, indem er als willensschwacher Knecht seiner Begierden es nicht einmal vermag, Herr über sich selbst zu werden und schließlich in Verwunderung und Vorwürfen ausbricht, sollte ihm sein Körper die Folgen seiner schändlichen Behandlung in ganzer Härte zeigen. Ab diesem Punkt ist jeder Nebel verflogen – jede Einbildung, über der Natur zu stehen, verblasst; früher oder später wird dem Menschen gewahr, dass er kein über den Dingen stehendes, unberührbares Wesen ist – bei dem Klugen geschieht dies früh durch die Vernunft, bei dem Unbesonnen jedoch erst kurz vor dessen Ende durch das Eintreten eines das Leben grundlegend verändernden Ereignisses. Während es dem Erstgenannten aufgrund seiner Besonnenheit möglich ist, in Ruhe aus dem Leben zu scheiden, wird sein Pendant vielmehr aus dem seinigen herausgerissen. Wir alle sind die Resultate früherer Geschlechter und damit nicht nur die Erben ihrer Errungenschaften und Entdeckungen, sondern auch ihrer Verwirrungen und Irrtümer. Eine blinde Adaption alles Vergangenen gleicht einer Totengräberei und spricht für einen Glauben an einen in der Vergangenheit bereits erreichten End- und Idealzustand des Menschen, welcher neben für uns wichtigen Erkenntnissen ebenfalls die Verfehlungen der Vergangenheit zutage fördert, um – beide Arten ununtersucht auf dem gleichen Berg anhäufend – auch diese Verfehlungen der uns vorangegangenen Geschlechter in die heutige Zeit zu tragen. Unsere Vorfahren hinterließen uns ganze Städte mit verschiedensten Gebäuden, doch nur von den besten unter ihnen sollten wir versuchen, die Baukunst selbst zu erlernen, um dieselbe von diesem Punkte aus fortzuführen und weiterzuentwickeln, um jene Gebäude von schlechter Beschaffenheit Kraft unserer sich stets erweiternden Erkenntnisse niederzureißen und auf ihren Trümmern unsere positive menschliche Entwicklung Gestalt annehmen zu lassen. Das Wesen des Menschen ist nicht bestimmt durch einen starren, unveränderbaren Zustand, sondern geprägt durch einen ständigen Entwicklungsprozess, in welchem sich der Mensch stetig zu verbessern versuchen sollte. Dieser Prozess muss ad infinitum ausgeführt werden – der Mensch muss nicht nur aus der Vergangenheit schöpfen und zwischen gutem sowie schlechtem separieren, sondern daraus folgend auch zu übernehmen und zu verwerfen lernen und sich selbst im Zuge dieses bis zum Tode andauernden Entwicklungsprozesses samt seinen Überzeugungen und den sich daraus ergebenden Verhaltens- und Handlungsweisen stets kritisch prüfen und sich im Falle eines veränderten Erkenntnisstandes in seinem Handeln an denselben anpassen. Der Mensch sammelt täglich neue Erfahrungen und gewinnt – so glaubt er mindestens – ständig neue Erkenntnisse und verwirft infolgedessen von ihm bis dahin fälschlicherweise für Erkenntnisse gehaltene Unwahrheiten und befindet sich daher in einem ewig andauernden Entwicklungsprozess; der Mensch samt seinen sich stets in verschiedener Stärke wandelnden Überzeugungen, Ansichten und Handlungsweisen ist ein Produkt seiner sich stets erweiternden Erfahrungen. Dieser Prozess ist allerdings, obgleich dies wohl von nahezu jedem Menschen zu seiner Zeit bestritten wurde und somit auf die Gegenwart projiziert von den heute lebenden Menschen größtenteils bestritten wird, nicht unidirektional, sondern kann durchaus in die entgegengesetzte Richtung umschlagen, welche dem Menschen in diesem Moment subjektiv jedoch als die bessere erscheint, auch wenn dieser Richtungswechsel in Wahrheit eine Rückentwicklung des Menschen darstellt. Es ist ein beschämendes Zeugnis unserer Zeit, dass Menschen dazu neigen, von ihnen auf objektiver Ebene nicht erklärbare Zustände und Entwicklungen mit einem Wink auf das aktuelle Kalenderjahr legitimieren zu wollen. Nichts, was damals als richtig galt, ist dies aufgrund seiner damaligen Akzeptanz notwendigerweise im Allgemeinen, wie ebenso wenig heute für definitive Wahrheiten gehaltene Subjektivitäten diesen Anspruch der allgemeinen Gültigkeit erfüllen, ganz gleich, an welchem Zeitpunkt der Geschichte wir uns befinden. Das Zeitalter ist nur das, was der Mensch aus ihm macht. Viele Charakteristika eines Zeitalters entstehen lediglich aus in der Gesellschaft verbreiteten, subjektiven Anschauungen, die fälschlicherweise immer wieder von selbsternannten Sittenwächtern mit einem Verweis auf die zeitliche Progression der Menschheitsgeschichte zu einem definitiven, behavioristischen und gesamtgesellschaftlichen Fortschritt verklärt werden. Um zu verstehen, dass die Menschen und deren Habitus stark wandelbar sind und diese Veränderungen nicht allein mit der zeitlichen Progression oder gar durch eine reale Progression der Vernunft des Menschen erklärt werden können, zeigt sich uns bereits in den Werte- und Moralvorstellungen sowie in den Verhaltens- und Ansichtsweisen unserer eigenen Vorfahren und in dem Faktum, dass sich solche subjektiven Anschauungen von Generation zu Generation, zum Teil maßgeblich, voneinander unterscheiden. Obgleich eine solche Entwicklung stetig ist, ist sie nicht unbedingt progressiv, sondern kann, wie dies heute bestens zu beobachten ist, in die entgegengesetzte Richtung umschlagen.

Dass rein zeitliches Fortschreiten im Bezug auf die Entwicklung des Menschen und der durch ihn geformten Gesellschaft kein Synonym zu realer Progression des Menschen darstellt und somit auch nicht mit diesem Begriff gleichzusetzen ist, zeigt sich uns beispielsweise bei der Betrachtung unserer heutigen, jungen Frauen. Jene zelebrieren im Kollektiv ihre vermeintliche, neugewonnene Freiheit und Selbstständigkeit, obwohl ihnen in der Regel gar keine Freiheit im Sinne einer wirklichen Entscheidungssituation gegeben ist, sondern ihr Geschlecht lediglich eine Rollenveränderung von der Mutter zum erwerbstätigen Wirtschaftssubjekt erfuhr. Dass die Notwendigkeit zur Selbstständigkeit allerdings nicht zuletzt aufgrund von verschobenen finanziellen Verhältnissen und vor allem aufgrund von beide Geschlechter betreffenden, verlorenen Moralvorstellungen nahezu erzwungen wird – und dies garantiert keinen Fortschritt in der hiesigen Gesellschaftsentwicklung darstellt oder zu einem solchen führen wird – bleibt den meisten unentdeckt. Unabhängig davon, ist jedoch der von nahezu der gesamten Gesellschaft geteilte Konsens, dass die Frau durch ihre Rollenanpassung einen Zuwachs an Freiheit gewann, ohne zu bemerken, dass von dieser Freiheit kaum etwas bliebe, würde die Frau sich zu ihrer neuen Rolle konträr verhalten wollen – würde eine Frau den Entschluss fassen, lieber Mutter als vollwertige Arbeitskraft zu sein, würde sie sich wohl – spätestens nach der Geburt ihres ersten Kindes – samt ihres Partners mit derartigen finanziellen Problemen konfrontiert sehen, dass sie zum Angebot ihrer Arbeitskraft in hohem Maß gezwungen wäre, um letztlich nicht nur bei der finanziellen Beschaffung der Nahrungsmittel für ihr Kind, sondern darüber hinaus auch noch für die Fremderziehung desselben aufzukommen, da ihr aufgrund der ihr durch ihre Situation aufgezwungenen Arbeit für die Erziehung selbst nicht mehr genug Zeit bliebe. Die in der Gesellschaft angesehenen und geächteten Verhaltensweisen resultieren zu einem enorm hohen Anteil nicht aus der Orientierung an absoluten Wahrheiten oder mindestens persönlichen Überzeugungen, sondern sind vielmehr das Ergebnis antrainierter Verhaltensweisen, welche stark idealistisch geprägt, unter Strafe bei Nichtbeachtung gesetzlich festgelegt und vor allem rein subjektiv bewertbar sind. Wie in unserem Land manche Sorte Fleisch mit einer unhinterfragten Selbstverständlichkeit genossen wird und der Gedanke an das Verzehren des Fleisches anderer Tiere in diesem Zusammenhang aus absolut irrationalen Gründen in den Menschen Ekel und Entsetzen auslöst, neigt der okzidentale Mensch dazu, die hiesig etablierte Lebensweise häufig nicht nur als gegeben, sondern auch als überlegen anzusehen. Er verschmäht in seiner sich selbst verliehenen moralischen Überlegenheit alle, die sich in Kultur und Verhalten von ihm selbst unterscheiden, ohne zu bemerken, dass er die Gründe seiner Angewohnheiten zu großen Teilen zu erklären selbst nicht in der Lage wäre. Kulturrelativismus und die Beachtung und Respektierung sämtlicher Kulturen stünde den Menschen gut – dies allerdings auch nur bis zu dem Punkt, an dem kulturelle Handlungen der menschlichen Vernunft widersprechen oder aber die Kultur lediglich als vorgeschobene Begründung für aus anderen Gründen durchgeführte Handlungen missbraucht wird. Die Kultur darf gleich der Religion keine Rechtfertigung und keine Entschuldigung für sämtliche Untaten sein. Der Vernunft widersprechende, verbreitete Gewohnheiten dürfen nicht als Kultur affirmiert oder gar als erhaltungswürdig betrachtet werden. Wie der Begriff der Kultur nicht als vorgeschobene Begründung missbraucht werden darf, so verhält es sich auch mit all ihren Errungenschaften und den aus ihnen erwachsenen Traditionen, welche ebenfalls einen enormen Wert als errungene Einzigartigkeiten der Völker darstellen, aber dennoch hinterfragt und gegebenenfalls abgelegt werden müssen, sofern jene der Vernunft widersprechen. Die Vernunft muss die Gewohnheit überwinden und einen Brauch beseitigen, wenn es dieser realitätsfremden Gewohnheit gemäß ist, Mensch, Tier und die Vernunft zu schänden. Davon abstrahiert, sollte die Vielfalt der Völker samt ihren Kulturen jedoch an sich gleichermaßen respektiert sowie geschätzt werden, obgleich dabei in aller Objektivität nicht übersehen werden darf, dass gravierende Unterschiede der Völker und Kulturen untereinander auf nahezu jedem nur denkbaren Gebiete bestehen – wer dies verneint und schamlos behauptet, es gäbe keine grundlegenden Unterschiede der Völker und Kulturen untereinander, der achtet nicht nur deren verschiedene

Errungenschaften ausgesprochen gering, sondern verneint gar seine Vernunft sowie Erfahrungen und Beobachtungen. Anstatt jedoch aus den Errungenschaften großer untergegangener Kulturen Kraft zu schöpfen und die Weisheiten und Verdienste der Vergangenheit in die heutige Zeit zu tragen, scheint die Geschichte für den Menschen zu einem verstaubten und starren Gebilde verkommen zu sein, welchem jegliches Recht auf die Beeinflussung der heutigen Zeit abgesprochen wird, obgleich in den Vergangenheiten der einzelnen Völker die Ursachen für die heutig amtierenden Überzeugungen und Gegebenheiten in den jeweiligen Gesellschaften liegen, welche – zumindest sofern sie aus der jüngsten Geschichte stammen – von denen ein jeweils großer Teil in aller Selbstverständlichkeit diese Überzeugungen teilt beziehungsweise übernahm; die Historie scheint ihm etwas uninteressantes und nahezu weltfremdes, die heutige Zeit in keinster Weise mehr berührendes, geworden zu sein, obwohl dieselbe den Weg ins Jetzt ebnete und das heutige, zum Gipfel der Schöpfung proklamierte Gesellschaftsbild der fleischgewordenen, vollendeten Moral, welche mit erhobenem Zeigefinger auf die vermeintlichen Verfehlungen der Vergangenheit weisen kann, erst ermöglichte. Ebensolche Tore sind es, die sich vollkommen ungeachtet ihres Wissens und ihrer Erfahrungen in der stetigen Pflicht sehen, über sämtliche Dinge urteilen zu müssen. O verhielte sich der Mensch doch so wie auf dem Gebiet des professionsbezogenen Wissens, wo er nur zu erklären und zu belehren versucht, wo ihm empirisches und zumeist auch wahrhaftiges Wissen um die Materie eigen ist. Obgleich es dem Menschen fern liegt, sich mit nicht alltäglichen Dinge ausgiebig zu beschäftigen, um somit fundiert über dieselben aus eigenen Leistungen sowie Erfahrungen sprechen und urteilen zu können, ist er in Gesellschaft stets versucht, über dieselben zu urteilen und greift in seinem Wunsch auf Diktate zurück, welche er zumeist gleichermaßen ungeprüft wie unreflektiert als vermeintliches Wissen in seinen Wissensspeicher überführt. Er sieht sich als Richter, obwohl er in Wahrheit bloß ihm diktierte Urteile fällt, um sich in der ihm beziehungsweise seinem Ideengeber zustimmenden Menge durch seine vermeintlich eigenen Überzeugungen und seines damit verbundenen moralisch-scheinenden Verhaltens aufzuwerten, obwohl solcherlei Verhalten nicht selten mit einer Herabsetzung häufig abwesender oder den Beteiligten gar vollkommen unbekannter Dritter einhergeht. Menschen dieses Schlages glauben häufig, sich durch die reine Adaption so zu entwickeln, dass sie nicht nur wissen und denken was recht ist, sondern ebenfalls mit Recht gelobt werden, doch kein Ohr öffnen sollte man Menschen, die anderen nur nach dem Munde reden! Urteilen und entscheiden scheint ein jeder von ihnen zu wollen, doch sind hierzu nur die wenigsten Menschen in der Lage, wenn die Folgen ihrer Entscheidungen nicht einzig pro domo dienen sollen. Der Mensch legt sich in dieser lautsprecherischen Zeit selbst eine Urteilspflicht auf und spricht zumeist aus fremdem Geiste; es ist ein furchtbar mitanzusehendes Schauspiel, wenn Menschen im Kollektiv mit tiefster Überzeugung vollkommen gleiche Meinungen vertreten, die ihnen durch den gleichen Wirt am justament vergangenen Tage in den Kopf gepflanzt wurden und in ihrer Beschaffenheit häufig so brüchig sind, dass es nur einer kurzen, prüfenden Betrachtung nötig wäre, um diese fragilen Oberflächlichkeiten ihrer Falschheit zu überführen. Da es sich jedoch um reine Repetierungen ohne eigenen Anteil handelt und dieselben aus genanntem Grund allen gemein sind, sind Gespräche von einer Suche nach der Wahrheit längst zu einem inhaltslosen jurieren, zu einem blanken sich-zustimmen und damit zu einer erlogenen, kollektiven Profilierung ohne individuelle Essenz, dominiert von einer objektiven Unwissenheit, verkommen. Die behandelten Dinge sind den meisten Menschen in Ihrer Beschaffenheit aufgrund ihrer Distanz zu denselben gänzlich unbekannt, doch obwohl sie nicht fähig sind, dieselben – besonders in dem dafür nötigen Kontext – mangels eigener Bestrebungen zu beurteilen, sehen sie sich dadurch, dass sie ihren Geist in vollkommen fremde Hände legen, gleichermaßen befähigt wie in der Pflicht. Sie neigen dazu, ohne eigenes Wissen um sämtliche Zusammenhänge und Hintergründe generell von einer absoluten und vollständigen objektiven Richtigkeit ihres vermeintlich eigenen Wissens sowie der moralischen Vollendung ihrer Überzeugungen auszugehen und nutzen damit verbunden jede sich ihnen bietende

Gelegenheit, sich auf vermeintliche Missetäter wie der Löwe auf seine Jagdbeute zu stürzen, sich über deren vermeintliches Fehlverhalten zu echauffieren und sich selbst in der Gemeinschaft zu fleischgewordenen, moralischen Optima zu erheben. Der Mensch gleicht in seiner geistigen Individualität der Blockschrift, wie er sie täglich nicht zur Meinungsbildung, sondern vielmehr zur Meinungsübernahme in den Zeitungen vor die Augen nimmt. Blinzelt der eigene Geist der Menschen auch zuweilen hervor, so sind jene Zuckungen gänzlich unbedeutend, wenn die eigenen Gedanken lediglich mit großer Vorsicht und erst nach vorangegangenen Distanzierungen und Entschuldigungen, welche dieselben vollkommen wertlos machen, geäußert werden. Wovor aber diese Scheu, wenn das Handeln aus einer inneren und vernunftgeleiteten Überzeugung entsteht und das Gesprochene der Vernunft gemäß ist? Wieso die Angst vor all jenen, die einer Gegenargumentation nicht fähig sind und es lediglich haltlos als Unrecht schelten würden? Die Menschen sind der Überzeugung, das öffentlich Verbreitete und damit auch das allgemeinhin Vertretene sei dem wahrhaftig Guten ein notwendiges Synonym und so wollen sie – in ihrer Gefallsucht mindestens zum Wohlgefallen anderer – gut sein und hüten sich ihrer Bestrebung folgend vor der Äußerung einer etwaig in ihnen keimenden, abweichenden Meinung, durch deren Äußerung sie ihre etwaige soziale Ächtung fürchten. Gleich verhält es sich mit einzig aus einer niederen Lust hervorgehenden Handlungen, die gesellschaftlich berechtigterweise geschmäht werden und derer sich, mindestens sofern Dritte sie beobachten können, geschämt wird, während edle und gute Handlungen nur zu gern in Gesellschaft vollzogen werden.

Ähnlich einem Gläubigen, welcher Gottes Gesetz über das seiner eigenen Vernunft stellt, so werden auch von Menschen ohne jeglichen Religionsbezug Verhaltensweisen und Meinungen nicht nur adaptiert, sondern auch mit tiefer Überzeugung als vermeintliche Wahrheiten und Optima verbreitet, die sie behaupten – oder im schlimmeren Fall sogar glauben – aus eigener Kraft gefunden zu haben. Ausdrücklich erwähnt sei, dass ein Rat weder von einem Einzelnen noch von einer Masse generell zu verschmähen ist, wohl aber vor einer etwaigen Adaption genaustens geprüft werden muss –

und hält ein von der Masse befolgter und weiterempfohlener Rat der Prüfung des eigenen Geistes und der eigenen Vernunft nicht Stand, so haltet es mit unserem geliebten Schiller, welcher bereits erkannte, dass Intelligenz stets nur bei wenigen gewesen ist und eine Orientierung nach der Masse demnach ein großer Unsinn. Eine blinde Adaption von Meinungen und Verhaltensweisen stellt in der Regel keine kluge Entscheidung dar, welcher sich gerühmt werden sollte, wenn jene adaptierten Meinungen und Verhaltensweisen nicht eigens und der Vernunft gemäß erklärt werden können. Die Meinungen der Menschen sind häufig nicht gleich, da sie der Vernunft gemäß sind oder an sich objektive Wahrheiten darstellen, sondern weil sie alle aus der gleichen Quelle schöpfen; die durch das Gros der Menschen zur Informierung genutzten Medien transportieren vielmehr eine öffentliche Meinung, anstatt einer rein objektiv vorgetragenen, rein sachlichen Information, weswegen die Überzeugungen der Masse in vielen Fällen nicht nur nicht aus eigenen Erkenntnissen resultieren, sondern sich noch nicht einmal aus eigenen Meinungen ergeben, da sich ihre Sichtweisen lediglich aus ihnen entgegen geschleuderten Fragmenten zusammensetzen, welche sich letztlich zu nichts weiter als zu einer öffentlichen Meinung im Einzelnen wieder zusammenfügen. Mit welcher Überzeugung und mit welchem Eifer einer diese seine vermeintlichen Erkenntnisse auch als das Produkt eines eigenen Denkprozesses verbreiten mag, so nahm er in Wahrheit nichts weiter als eine reine, unreflektierte Adaption dieser – ihm eigentlich fremden – Meinung vor. Solch eine Lähmung des eigenständigen Denkens verfolgt nicht das Ziel, die Menschen zu selbstdenkenden und -bestimmten Individuen zu erziehen, sondern jene gerade nicht zu solchen heranreifen zu lassen, um dieselben als Unreife beherrschen zu können. Es beschleicht einen hin und wieder gar das Gefühl, dass diese für die Zwecke der Zeit Abgerichteten Individuen dieser Bezeichnung kaum mehr gerecht werden, sondern vielmehr wie Denk-, Rede- und Handlungsroboter der gleichen Produktionslinie anmuten. Der Mensch ist zu einem nachäffenden und -sprechenden Lebewesen verkommen, welches durch seine ständige Repetierung des Empfangenen als Botschafter ebendieses mit anderen ebensolchen Wiederkäuern in stetiger Wechselwirkung steht – die meisten von ihnen sind längst zu lediglich schauenden, sich den aktuellen Normen kontinuierlich anpassenden, Zuschauern des Lebens geworden. Wir finden im Einzelnen häufig lediglich ein von Dritten verfasstes Kompendium vor und zuweilen scheint es, einzig von fleischgewordenen Uniformen, die ihr eigenes Denken längst ausgelagert oder, um mit der anglisierten Sprache zu reden, welche unter zumeist unbewusster Verschmähung des Eigenen nicht minder unhinterfragt Anwendung findet, ihr Denken outgesourct haben, umgeben zu sein. Analog zu dieser geistigen Beschaffenheit, verhält es sich mit dem Auftreten und der Erscheinung. Einen überkommt gelegentlich das Gefühl, man sähe keine individuellen Menschen mehr, sondern lediglich Abbilder von sie dominierenden Richtwerten, deren Irrationalität und Unsinnigkeit stets auf neue durch deren individuelle Unbeständigkeit bewiesen wird; die Menschen wandeln sich zwar ständig und im Kollektiv, doch ist dies wahrlich kein Wandel progressiven Charakters. Wem es eigen ist, einzig der Zahlenmajorität zu folgen und sich nach der öffentlichen Meinung zu richten, der vermag es nicht, selbst die richtigen Pfade im Irrgarten des Lebens zu finden und zu begehen, sondern nur seine Glieder genau in der Art zu bewegen, wie seine ihn beherrschende Macht ihm an seinen Fäden zieht. In dieser liberalen Zeit aller vermeintlichen Freiheiten und den allgemein gepriesenen, großen Möglichkeiten zur Herausbildung und Verwirklichung der Individualität des einzelnen sich frei entfaltbaren Individuums, handelt der Mensch in Wahrheit weder in besonderem Maße frei noch individuell, sondern stellt lediglich ein einfachst zu beeinflussendes, wandelndes Produkt und somit eine umherirrende Lüge dar, welche in Denken und Handeln dem Kollektiv einzig durch unreflektierte Adaption in höchstem Maße gleicht. Solch ein Spiegelbild und ständiger Repräsentant der öffentlichen Meinung ist in diesem Punkte wandelbar wie diese von ihm für seine eigens gefunden gehaltenen Meinungen und Ansichten selbst, doch ist er gänzlich unfrei in dem Sinne, dass er seine Essentia, seine geistige Sklavenmentalität, nicht abzulegen vermag. Egal wie sehr sich solch ein Mensch durch seinen Nebel der Individualität auch unter allen anderen seiner Gemeinschaft Zugehörigen als herausragend betrachtet, so ist er in Wahrheit lediglich eines von Millionen, sich kaum voneinander unterscheidenden, Abbildern seiner Zeit – und sollte tief in seinem Innern doch so etwas wie eine genuine Einzigartigkeit schlummern, welche vergraben unter dem Berg der ihr widersprechenden Adaptionen, zu rebellieren und an die Vernunft zu appellieren versucht, so ist der betroffene Mensch häufig zu feige, seine wahren Überzeugungen und Ansichten unter seiner sich über einen langen Zeitraum geschaffenen Fassade nach außen zu tragen, da er fürchtet, so seine durch die ständige Konformität erlangte Reputation zu verlieren. Um die Dinge ihrem Wesen nach selbst beurteilen zu können, hielte der Mensch es besser, seine eigene Vernunft zu befragen und sich seines stetig wachsenden Wissensschatzes zu bedienen, anstatt sich auf die allgemeingültige Richtigkeit zumeist höchst subjektiver, öffentlicher Äußerungen zu verlassen, denn letzteres ähnelt in seiner Beschaffenheit dem Absurdum, sich mit der Intention, sich eine eigene Bildung zu wollen, auf kommentierte Bücher zurückzugreifen. Descartes' cogito als Grundlage des Seins scheint verloren – und damit auch die Möglichkeit, von wirklich selbstdenkenden Individuen zu sprechen. In bereits nahezu allen und dennoch immer mehr werdenden Bereichen fernab der eigenen Profession scheint der Mensch des Denkens und Zweifelns überdrüssig geworden zu sein und vivo et cogito als untrennbare Symbiose scheint längst überholt. Es ist ein unglaubliches Abstraktum, dass der Mensch es nicht nur vorzieht, das eigene Denken in fremde Köpfe zu geben, sondern es zuweilen häufig ebenfalls präferiert, das Leben Fremder nur zu beschauen, anstatt sein eigenes wahrhaftig zu leben. Der Versuch, durch das Beschauen des ersehnten, Anteil an demselben zu gewinnen, mag durch seinen illusorischen Charakter einen Moment der Freude spenden, verhindert aber zugleich die Loslösung und Befreiung des Menschen von seinem Begehren von überflüssigem Ballast. Solch eine scheinbare Beschäftigung ist in Wahrheit nichts weiter als eine zeitstehlende und lethargische Betriebsamkeit. Die Bewunderung anderer sollte nicht zu einer lethargischen Verehrung eines angeschauten Subjekts oder gar zu gehässigem Neid führen, sondern vielmehr den Anreiz dafür bieten, als handelndes Subjekt selbst solch ein vorbildhaftes Objekt der Bewunderung in den Augen anderer zu werden, sofern jene die entsprechende Achtung für die Dinge besitzen, die es zu achten gilt – geschehen sollte dies jedoch aus dem Antrieb, sich selbst im Sinne einer andauernden progressiven Entwicklung gerecht zu werden. Statt einem auf Stärke beruhenden, kühnen und dennoch unüberheblichen Stolz finden wir jedoch vielmehr das Phänomen einer kollektiven Selbstbetrauerung aufgrund von Nichtigkeiten vor: eine häufig besetzte, niedere und herabwürdigende Rolle des hiesigen Menschen, welcher sich nicht geschämt, sondern in welcher sich durch das Mitleid der jeweils anderen gefallen wird; Konsequenzen zieht der Mensch nicht zuletzt aus diesem Grunde nicht, sondern er ist vielmehr versucht, sein aus Nichtigkeiten resultierendes Leiden durch das Mitleid anderer an Überforderung leidender Menschen zu schmälern, anstatt in sich den Anreiz zu entwickeln, diese seine Schwäche der schnellen Überlastung zu bekämpfen und sich in der stetigen Verbesserung seiner Resilienz und Resistenz zu üben. Zwei oder mehrere Menschen, die resultierend aus ihrer eigenen Unfähigkeit ebendiese Unfähigkeit zu einem unabänderlichem Faktum universaler Gültigkeit verklären schaffen sich durch diesen Versuch, ihre Schwächen durch diese gegenseitige Validierung zu relativieren, selbst die Geißel, die ihre Seele auf ewig niederhält und wirken zutiefst negativ auf andere, ebenso schwache Seelen und unbesonnene Geister ein. Große Teile der Gesellschaft leiden unter der furchtbaren Einbildung, dass sie das Wesen der Moral und nicht nur in höchsten Grade verstünden, sondern jene daraus abzuleitende, seltene Tugend des ständigen, vernunftgeleiteten Handelns, wahrhaftig besitzen und sind von der Überzeugung ergriffen, alle vergangenen Generationen auf diesem Gebiet zu übertreffen. Es ist ein wahrhaftig schrecklicher Umstand, sich den Besitz einer Tugend fälschlicherweise einzubilden und in Wahrheit nicht einmal die Grundzüge ihrer Beschaffenheit zu verstehen. Solcherlei Einbildungen sind weitaus gefährlicher als ihr Pendant, die sich aus dem Glauben an einen begangenen Fehler oder eines bestehenden Lasters resultierende Unzufriedenheit mit sich selbst, sofern sich jene mangels nötiger Weitsicht oder einer schlecht ausgeprägten Bewertungsfähigkeit der Dinge nicht aus peripheren Nichtigkeiten ergib, denn häufig erkennen solch geartete Menschen all ihre vermeintlichen, in Wahrheit jedoch höchst irrelevanten, Schwächen, jedoch nicht ihre wahrhaftige Schwäche des fehlenden Weitblicks, um im Leben zwischen Wichtigkeiten und Nichtigkeiten unterscheiden zu können, um den Fokus auf die Dinge richten zu können, denen er gebührt. Dennoch ist es solchen Menschen unter gewissen, besonders jedoch mentalen Voraussetzungen, möglich, sich auf verschiedensten Wegen zu verbessern, während die bloße Einbildung im Besitz einer Tugend oder überhaupt auf einem Gebiete bereits vollendet zu sein, die Menschen lediglich verschlechtert, da unter solchen Einbildungen leidende Menschen ein weiteres Streben für überflüssig und den Drang zur weiteren Arbeit an sich selbst nicht (mehr) verspüren. Tore streben nicht nach Verbesserung ihrer selbst, nach der Erweiterung ihres Wissens oder nach einem auf die Zukunft bezogenen, ihnen dienlicheren Entscheidungs- und Handlungsverhalten, da sie sich ihrer eigenen Unvollkommenheit in keinster Weise bewusst sind. O lasst die Leute doch leben, wird mancher mit innerlich erhobenem Zeigefinger nun rumoren! Leben und leben lassen – oder anders: Sieh nur zu, dass du mit deinen Problemen zurechtkommst und schere dich keinen Deut um andere – und mögen dieselben auch ihr Leben ruinieren und vor dem Abgrund stehend noch den nächsten Schritt in die gleiche Richtung wagen. Mögen sie sich selbst sowie Andere durch ihr Verhalten verletzten und schädigen und den Weltlauf zu Strafrunden züchtigen sowie die Gesellschaft verderben, so lasse dies nicht deine Sorge sein, denn dich affektiert es nicht, solange du dich selbst nur von ihnen fernhältst und dich Andere nicht interessieren. Doch dieser, mit einem destruktiven Moralverständnis angereicherte Egoismus und das Desinteresse der Menschen an all jenen, welche zu ihnen in keinem persönlichen Verhältnis stehen, trieben uns erst über solch einen überspitzten, vielmehr egoistischen Liberalismus in dieses lieblose Zeitalter der materialistischen Hedonisten, in welchem wir heute unser Leben bestmöglich zu bestreiten versuchen. Möge man mich einen Anachronisten nennen, so wandle ich lieber als ein fleischgewordener Anachronismus, als ein an den Krankheiten dieser

Zeit leidendes Individuum durch das düstere Tal unserer Gegenwart. Selbstredend ist nicht von jedem Menschen ein ausgiebiges Philosophicum zu erwarten, wohl aber mindestens ein besonnener Gedanke und eine mindestens oberflächliche Überlegung und Bewertung jeglichen Handlungsvorhabens vor dessen etwaiger Durchführung, selbst wenn jener Gedanke die Oberfläche auch nur minimal gen Kern zu durchbohren vermag; keine Entscheidung ist dem Zufall zu überlassen, sondern jegliches Handeln muss edlen Geistes erklärbar sein. Eine hohe philosophische Bildung ist jedoch von all jenen zu erwarten, die die Verantwortung nicht allein für sich selbst und die sie unmittelbar Umgebenen tragen, sondern deren Handlungsentscheidungen bedeutend weitreichender sind. An ihnen als Haupteinflussnehmern, die sie wie gezeigt darstellen, liegt es, die Erziehung der Allgemeinheit und insbesondere der Jugend, positiv zu affektieren und die von ihnen gehörten Menschen zu einer freien, selbstdenkenden Gemeinschaft zu entwickeln, von welcher ein jeder Teil, bereits verblümt in die richtige Richtung gewiesen, seinen individuellen Pfad zu finden vermag, welcher letzten Endes einzig von ihm, unter der ständigen Entwicklung seines Geistes und der Achtung seiner Vernunft begangen werden kann. Dass die hiesigen Menschen heute nicht edler denken und handeln, ist nicht die Schuld der Natur, sondern die Schuld der Menschen selbst – und insbesondere die Schuld der Menschen, die als Haupteinflussnehmer an ihrer Spitze stehen. Hätten sich jene besser gezeigt, wäre der gemeine Mensch von einem anderen Geiste beseelt. Ebenfalls wirken sollten in diesem Zusammenhang, die dafür notwendigen individuellen Eigenschaften und Erfahrungen vorausgesetzt, die an der Erfahrung reichsten Individuen. Menschen, welche durch ihr fortgeschrittenes Lebensalter von der Natur in ihren körperlichen Fähigkeiten bereits stark eingeschränkt wurden, sollten ihr Schaffen, sofern in ihnen ein noch wacher Geist lebt, ebenso sukzessive auf geistiges Gebiet verlagern, wie die Alterung ihres Körpers sukzessive an seinen Fähigkeiten zehrt und, in letzter Instanz, auf ebendieses geistige Gebiet beschränken, um sowohl die Jugend als auch das Gemeinwesen in ihren Entwicklungen durch den aus ihren reichen Erfahrungen und ihren empirischen Überlegungen resultierenden Rat positiv zu beeinflussen; sich der Untätigkeit zu ergeben, ohne zu derselben verdammt zu sein, ist auch in einem hohen Lebensalter nicht ratsam. Für solch ein positives Wirken ist es jedoch unabdingbar, in solch einem fortgeschrittenem Lebensalter nicht der Illusion zu erliegen, dass man allein aufgrund seines Alters sämtliche Dinge vollständig verstünde, denn zu jedem Zeitpunkt des Lebens gilt gleichermaßen, dass wenn sich jemand zu Unrecht einbildet, etwas Bestimmtes zu wissen, er die eigentliche Wahrheit um diese Materie niemals finden wird, da er durch seinen scheinbar bereits erreichten Endzustand einer geistigen Paralyse erliegt, welche ihn auf dem betroffenen Gebiete niemals weiter fragen, forschen und denken lässt. Der Geist des Klugen und Besonnenen unterliegt einem stetigen Wandel – der des Toren jedoch ist durch seinen Starrsinn unabänderlich und verhindert jegliche positive Wandlung. Häufig müssen sich Menschen, die ihre Zeit stets voller Leichtsinn verbrachten, in fortgeschrittenem Alter ehrlich eingestehen, dass sie ihre durch eigens gesetzte Schranken beengte und stark beeinträchtigte Lebensweise retrospektiv betrachtet bereuen. Der Mensch neigt dazu, Dinge, die an sich weder schlecht sind oder auch nur auf objektiver Ebene von ihm als schlecht erklärt werden könnten, dennoch in seinem Geiste zu etwas schlechtem zu verklären, woraus folgernd sich für ihn scheinbare Unmöglichkeiten ergeben, welche sein Leben in hohem Maße negativ beschneiden. Diese Selbstbegrenzung führt bisweilen soweit, dass die als schön empfundene Nutzung eines Tages bei leichtem Regen als vollkommen unmöglich betrachtet wird, da sich der Mensch sich seit jeher selbst einredete, dass es beinahe unmöglich, in jedem Falle aber schrecklich und definitiv unangenehm ist, sich bei solchen Umständen vor die eigene Türe zu wagen; nicht die ihn umgebenden Umstände, sondern der Blick des Menschen auf die Dinge lässt seine Zeit ungenutzt verfließen. Wer sich selbst völlig irrationale Schranken setzt, erstickt die Möglichkeit nach einem erfüllten Leben bereits im Keim. Unsinnige Ängste, festhalten an unsinnigen Normen und Gewohnheiten sowie Lethargie sind die größten Verschlinger des Lebens. Häufig sind es wie gezeigt nicht an sich schlechte Umstände, die solche Tragödien verursachen, sondern die Bewertung der Dinge und Gegebenheiten seitens der Menschen, denen in ihrer Subjektivität ebendiese Umstände als etwas unverbrüchlich schlechtes gelten. Über vielerlei Dinge, welche vom Menschen stets als gegeben angenommen und demzufolge niemals Gegenstand der eigenen Betrachtung wurden, wird von ihm häufig erst nachgedacht, wenn seine damit verbundenen Handlungen längst zu einem unabänderlichen Teil seiner langen, individuellen Vergangenheit wurden. Die Ziele und Gedanken des Menschen als Temporärwesen übersteigen die Gegenwart und die nahe Zukunft nur in den seltensten Fällen, obwohl er als einziges Lebewesen in der Lage ist über das, was nach seinem Tod geschieht, nachzudenken und sich ihm daraus ergebend die Möglichkeit bietet, sein Leben im Bewusstsein seiner eigenen Begrenztheit und mit einem stetigen Blick auf seine eigene, begrenzte Wirk- und Schaffenszeit zu betrachten. Sein sich zumeist viel zu spät erhebender, umfassender Blick, lässt ihn häufig erst, wenn der größte Teil seiner Geschichte bereits geschrieben wurde, realisieren, dass er ohne ein Werk, ohne eine Hinterlassenschaft, ohne etwas Unendliches, von dieser Welt scheiden wird, auf welcher schon bald nichts mehr von seinem einstigen Dasein zeugen wird; sogar wenn ein Leben an sich schön war, so hat doch jedes Leben den Willen, etwas über sich selbst hinausgehendes, etwas unendliches zu schaffen, um sich selbst ein positives Denkmal zu setzen und im Geiste nachkommender Generationen – oder mindestens im Geiste der eigenen Nachkommen – die Zeiten zu überdauern. Da dies in Form des eigenen, mindestens materiellen Lebens nicht möglich ist, gilt es, etwas davon unabhängiges zu schaffen, welches der eigenen Existenz auf Erden nicht bedingt. Der Mensch ist – wie alles Lebendige – lediglich eine temporäre Erscheinung, ein vergehender Hauch in der Gesamtheit der Welt und ihrer Geschichte. Temporäre Bestrebungen des Menschen werden in dem Nebel des Nichts vergehen, wie seine körperliche Hülle selbst. Hieraus gilt es abzuleiten, dass die begrenzte Wirk- und Schaffensspanne des individuellen Lebens für etwas aufgebracht werden sollte, welches über die Grenzen der eigenen Existenz hinaus bestehen und wirken kann. Ewig kann der Mensch lediglich in der Erinnerung und in seinem Nachruhm bestehen und durch die posthume Wirkung seines Lebenswerks, die Zeit des eigenen Lebens überdauern. Kein Lebewesen neben dem Mensch vermag es, die Welt derartig umfassend zu betrachten. Aus dieser seiner Fähigkeit und dem Bewusstsein um die eigene Endlichkeit heraus muss der Mensch sich zur Unendlichkeit wenden. Es ist das größte Elend, wenn jemand kurz vor dem Verscheiden des eigenen, zeitlich langen Lebens resümierend feststellen muss, dass er seine stets unbedachte Lebensweise nun in tiefer Ehrlichkeit bereut und eine Änderung seines für nun als falsch befundenen Habitus' aufgrund der bereits langen Vergangenheit und der immer kürzer werdenden Zukunft auf sein gesamtes Leben übertragen kaum mehr bemerkbar wäre. Wenn die Möglichkeit einer Änderung der Lebensart nur noch einen winzigen Teil der werdenden Vergangenheit zu verschönern vermag, ist diese resümierende exzentrische Betrachtung seiner selbst wesentlich zu spät geschehen. Erst den Tod vor Augen habend zu realisieren, dass die stets kurz gedachte Lebensweise einen nun in tiefe Trauer stürzt, ist ein wahrhaftig klägliches Elend. Denkt deswegen nicht fälschlicherweise, dass eine Person hohen Alters zwangsläufig bereits lange gelebt hat, denn dies ist nicht rein anhand des Lebensalters zu beurteilen, denn daran nur definitiv festgestellt werden, dass solch eine Person bereits lange existiert. Wer es im Alter jedoch nötig hat, um mehr Zeit zu betteln, hat mit hoher Wahrscheinlichkeit nur kurz bewusst gelebt. Man rufe sich bei der Gelegenheit einmal in Erinnerung, dass obwohl die Lebenserwartung ständig zunimmt, in unserer Zeit wesentlich häufiger über die angebliche Kürze der eigenen Existenz oder des Lebens im Allgemeinen geklagt wird, als dies in den früheren Zeiten der Geschichte der Fall war. Es zeigt sich, dass diese subjektive Auffassung nicht auf existierenden objektiven Tatsachen fußt, sondern sich vielmehr aus einem als inhaltslos empfundenen und von Erwartungslosigkeit gepeinigtem Leben ergibt, die Ursache also in den häufigsten Fällen auf der mentalen Ebene der Menschen zu finden ist. Welche uns vorangegangene Generation konnte schließlich schon behaupten, dass der Körper vieler ihrer Zeitgenossen den Geist überlebte? Das Akzeptieren des Unabwendbaren und eine stets bedachtsame Lebensführung mit immerwährendem Wissen um die Begrenztheit des eigenen Lebens ist die Grundlage eines bereits früh beginnenden, bewussten Lebens ohne eine sich bei dessen rückwirkender Betrachtung entwickelnde Reue.

X

Zweifellos ist es uns ungewiss, was uns nach dem Tod des eigenen Körpers widerfährt, wohl ist einem jeden von uns aber unbestreitbar bewusst, dass unser Handeln in der Welt einen direkten Einfluss auf sie – und damit auf das Leben auf ihr – hat. Die Erkenntnis des endlichen, eigenen Lebens sollte nicht zu einer rein egoistischen Verwendung der Zeit desselben, sondern zu einem moralischen und sittlichen Habitus, welches dem eigenen Leben Glückseligkeit und denen der Allgemeinheit Besserung beschert, führen. Es gilt, sorgfältiger mit jenem umzugehen, dessen Dauer unbekannt, aber definitiv endlich ist. Obgleich alles Lebende zugleich sterblich ist, verdammt uns dies nicht zu einer lediglich temporären Erscheinung, sondern bietet uns vielmehr die Grundlage dafür, etwas zu schaffen, welches das eigene, materielle Leben überdauert und postum die zukünftigen Menschen beeinflusst. Vom Endlichen muss sich zum Unendlichen gewendet werden, um die Zeiten zu überdauern und eine positive Wirkung auf die Welt und der auf ihr lebenden Geschöpfe zu erreichen. Diese individuelle Unendlichkeit kann sowohl auf geistigem als auch auf somatischem Gebiet durch mannigfaltige Weisen geschaffen werden – am einfachsten aber zweifelsohne durch die Schenkung neuen Lebens und die richtige Erziehung desselben. Besonders letztgenannte ist von entscheidender Bedeutung, denn eine Voraussetzung allein erfüllt nicht selbsttätig den durch sie ermöglichten Zweck, dessen Erfüllung in diesem Falle, die ständige Repetierung dieses Prozesses vorausgesetzt, der stetigen Progression von Generation zu Generation, dienlich ist. Seid euren Kindern würdige Vorbilder – denn schließlich werden sie nicht über euch hinwegschauend lediglich die Urahnen betrachten, sondern vorwiegend durch euer Handeln geprägt! Die Besserwerdung der Welt liegt in der Besserwerdung des Menschen. Ein jeder Mensch ist nur ein kleiner Teil seiner Familie, der mit dieser verbundenen Ahnenreihe, eines Volks und letzten Endes einer Welt, deren Gestalt in der Hand des Menschen liegt und deren Beschaffenheit schon auf tausendfach verschiedene Arten von Menschen geformt und verändert wurde.

Den durch diese Formulierungen möglicherweise entstandenen zauberhaften Schleier der individuellen Grenzenlosigkeit entfernend sei angemerkt, dass es dem Einzelnen in den allermeisten Fällen wohl unmöglich sein wird, den Weltlauf für eine große Masse sichtlich zu beeinflussen – aber es ist schließlich auch nicht jeder Bäcker, Lehrer und Mechaniker zugleich. Hat nun aber jemand, der einen Anderen zur Ehrenhaftigkeit heranbildet und zu vernunftgeleitetem Handeln führt, einer positiven Zukunftsentwicklung – wenn auch lediglich im kleinen oder besser formuliert, in einem Einzelnen, nicht dienlich gehandelt? – Doch, das hat er. Eine gute Gesellschaft kann folglich als ein Netzwerk aus verschiedenen, in wechselseitigen Beziehungen zueinander stehenden Personen betrachtet werden, die durch die unter ihnen herrschende Arbeitsteilung im Sinne der Allgemeinheit handeln. Selbstredend ist eine vollzogene Handlung in den meisten Fällen nur für einen kleinen Kreis an Menschen gut beziehungsweise überhaupt relevant und spürbar, während sie sich möglicherweise zugleich auf andere Menschen negativ auswirkt. Dies ist in vielen Fällen nicht vermeidbar und muss im Hinblick auf das individuelle Handeln, welches Gegenstand der aktuellen Betrachtung ist, hinsichtlich des Handelnden selbst sowie dessen Gemeinschaft, welche sich nach den Beziehungsgraden des individuell Handelnden entsprechend ausdehnt beziehungsweise erweitert betrachtet werden und durch die damit verbundene Abwägung von einem etwaigen Effekt auf andere abstrahieren; die Empirie zeigt, dass es für den Menschen anthropologisch als konstituierend gilt, im Falle eines Entscheidungszwanges zunächst an sein eigenes Wohl, gefolgt von dem Wohl seiner engsten Vertrauten und auf diese Weise ausdehnend zu denken – nach dieser Maßgabe sollten sich auch seine Entscheidungen richten. Die subjektiv schlimmste Vorstellung des Menschen gleicht der Umkehrung der silenischen Weisheit und liegt zweifelsfrei im Wissen um das unumgehbare Faktum der eigenen Sterblichkeit. Der Schlüssel zu einem besonnenen Umgang mit diesem Faktum liegt zweifellos in der Philosophie und dem durch sie ermöglichten bewussten Leben; die Philosophie ist kein theoretisches Geschwätz oder eine realitätsferne Aufzählung klug und tiefgründig erscheinender, auswendig gelernter Inhalte oder aus den jeweiligen Zusammenhängen gerissener Zitate, sondern eine ständige Lebensbegleiterin, welche es uns ermöglicht, unser Handeln stets besonnen und damit reuelos zu vollziehen – sie ist somit im übertragenen Sinne die Entscheidungsträgerin unseres Handelns in sämtlichen Situationen. Wer die Philosophie als Liebe zur Weisheit und in praktischer Hinsicht als wegweisende Kraft zum selbstbestimmten und bewussten Handeln als für das Leben überflüssig erachtet, scheint von ihr ein vollkommen falsches Bild, nämlich das einer rein theoretischen Disziplin zu haben. Ein auf diversesten Gebieten gebildetes, aber zunehmends starrsinniges und entkultiviertes Volk wird mit der Philosophie nichts anzufangen wissen, sondern jene, meistens aus dem Grunde, da sich mit ihr kein Geld verdienen lässt, zu einer unnützen Disziplin verklären. In dieser Zeit bleibt sie daher tatsächlich eher ein gelehrter Monolog eines einsamen Spaziergängers und eine einsame, gedankliche Reise des wahrhaftigen Menschen. Die Philosophie wird in ihrer Rolle durch mannigfaltigste Faktoren und Institutionen derart beschnitten, dass sie häufig, in welchem scheinbar nachdenklichen Menschen sie auch hervorblinzeln mag, in einem seufzenden Hoffen kurz darauf wieder verklingt. Die Philosophie scheint zur Sünderin an der vermeintlich vollendeten Masse geworden zu sein und mit ihr der Philosoph zum Angeklagten der über ihn richten wollenden Gesellschaft. Die Geschichte der Philosophie lehrt uns, andere Schlüsse aus der Gewissheit dieser unseren zeitlichen Begrenztheit zu ziehen und mit diesem Axiom anders umzugehen, als dies unphilosophische Naturen tun. Das wohl epochalste historische Beispiel zeigt sich uns in Platons Apologie, in welcher er das Gerichtsverfahren sowie den daraus resultierenden erzwungenen Suizid seines Lehrmeisters Sokrates schildert. Sokrates musste sterben, da er das Denken seiner Mitmenschen in ihren Grundfesten erschütterte, indem er sie ständig auf seine ganz eigentümliche Art ihrer eigenen Unwissenheit überführte, ohne sie dabei jedoch zu belehren. Das Gericht befand ihn für schuldig und des Todes würdig, da es der Ansicht war, Sokrates würde die Jugend durch sein Handeln nachhaltig verderben sowie nicht an die Götter glauben, an welche es sich in der Stadt Athen zu glauben schickt. Er begnügte sich mit der Gewissheit, dass er zwar selbst auch nicht wüsste, wie sich vielerlei Dinge – wie das Sterben – verhalten, wohl aber stets nicht nur wusste, dass er nichts wisse, sondern dass dieses seine nicht-wissen vielmehr ein nicht-wissen-können darstellt, da es Dinge gibt auf dieser Welt, die Kraft des menschlichen Verstandes a priori nicht gewusst werden können. Er bildete sich folglich nicht ein, etwas von dem zu wissen, von dem er nichts versteht, wie dies Menschen üblicherweise tun und auch damals seine Mitbürger taten. Dies brachte ihm den Tod, welchem er möglicherweise noch durch die von seinen Freunden geplante Flucht aus dem Kerker der Stadt hätte entgehen können, hätte er dieses ihre Vorhaben nicht abgelehnt. Laut den Schilderungen seiner Freunde empfing Sokrates den Tod voller Leichtigkeit und mit einer leichten Spannung, da er sogar in diesem schweren Moment noch seiner Maxime treu blieb und folglich den Tod als etwas Unbekanntes nicht fürchtete, sondern ihm voller Spannung entgegensah – er fürchtete nicht den Tod als großes Unbekanntes und als das ihm Bekannte ablösende, sondern urteilte und bewertete die Dinge rein nach den Möglichkeiten seiner eigenen Erkenntnisse. Noch im Tode ermahnte er seine Freunde und Schüler als Folge deren Jammers, dass sowohl sie als auch er doch gar nicht wissen können, ob es in Wahrheit ihm als baldig Totem oder ihnen als noch Lebenden in Bälde besser ergehen wird. Sokrates ist die fleischgewordene Verkörperung des Idealismus, welche der Todesangst trotzte und auch aus diesem Grunde der mentalen Überwindung seiner Angst es nicht für nötig empfand, sich durch überflüssigen Besitz oder kurzweilige Spaßerfahrungen von dem Tode abzulenken oder die Endlichkeit des eigenen Lebens in seinem Denken und Handeln zu negieren. Sokrates verkörpert die vollendete Form der geistigen Freiheit und der inneren Ruhe, der Ataraxie in höchst epikuristischem Sinne, welche ihm selbst im Sterben nicht entflog. Nur derjenige, der sich in den letzten Sekunden seines Lebens nichts vorzuwerfen weiß, wird diese Welt in Glückseligkeit verlassen und wie erwähnt ist es für ein glückliches Leben notwendig, neben dem Leben, gleichermaßen auch das Sterben zu lernen. Wohl bemerkt war Sokrates aufgrund seiner Erkenntnisse Zeit seines Lebens nicht untätig oder verfiel in eine gleichgültige Geisteshaltung, sondern tat seinen Fähigkeiten entsprechend das ihm mögliche, um die Menschen nicht nur ihrer Ungewissheit zu überführen, sondern sie vor allem zu skeptischen und nach der Wahrheit suchenden Naturen zu entwickeln, die durch den Verlust ihrer vermeintlichen Erkenntnisse dazu angeregt werden, nach wahren Erkenntnissen zu drängen und sich ferner nicht einzubilden, etwas von Dingen zu verstehen, die von ihnen entweder in Wahrheit nicht verstanden werden oder aber auch allgemein gar nicht vom Menschen verstanden oder gewusst werden können. Leider müssen wir erkennen, dass es um unsere Zeit so schlecht steht, dass dem Philosophen in dem ihm umgebenden menschlichen Leben kaum mehr eine brauchbare Natur begegnet. In die Vergangenheit blickend sehen wir jedoch Naturen wie Sokrates – und sehen wir Sokrates, so sehen wir Land! Sehnsüchtig erwartetes Land nach einer ewigen Odyssee aus Angst, Kurzsichtigkeit und Verwirrung. Lasst uns unser Glück loslösen von absoluten Belanglosigkeiten, doch lasst uns uns nicht in einem realitätsverachtenden Idealismus verlieren und das Unbekannte aus absoluter Unwissenheit fürchten, sondern das Ideale neben dem Realen schätzen und letzteres mithilfe des erstgenannten im positiven Sinne affektieren – nicht nur als Positivum für uns, sondern für alle auf uns folgenden Generationen. Die Griechen lernten nach einer Zeit der Verwirrung das Leben zu meistern, indem sie sich auf ihre echten Bedürfnisse zurückbesannen, wieder von sich selbst Besitz ergriffen und allen überflüssigen Ballast über Bord warfen! Gedanken haben die Kraft, die Grenzen der Sterblichkeit zu erweitern. Überwindet also die Geißeln der Lust und der niederen Begierden! Erhebt euren Geist und eure Vernunft über die Schreie eures Körpers, welche den gen Gipfel stürmenden Geist hinunter auf den Boden des Meeres reißen. Wenn Menschsein bedeutet, der Knecht von Lüsten, Begierden, Süchten und Laster zu sein, hinfort mit diesem Menschsein! Werft eure Laster, diese Verschlinger des Lebens, über Bord. Ihr betrachtet euch, als wärt ihr die edelsten Geschöpfe dieser Erde – so entwickelt euch auch zu solchen, um euren Behauptungen Rechnung zu tragen! Die Zeit läuft permanent weiter, kennt keine Pause, bleibt niemals stehen.

Wir allein bestimmen, wie wir sie nutzen, bevor sie uns endgültig zu Boden reißt. Das Schicksal des Menschen ist keine mythische, individuelle Vorherbestimmung seines gesamten Lebens, sondern sein Schicksal besteht darin, selbst mithilfe seiner Denk-, Entscheidungs- und Handlungsfähigkeit aus dem rohen Naturstande herauszuwachsen und sich unter dem Tiere hervorzutun. Die Würde des Menschen liegt in seinen Fähigkeiten und seinem Verhalten, nicht in der ständigen Erfüllung seiner Begierden. Triebisches Verhalten erniedrigt den Menschen und verformt ihn hinunter zum Tiere! Keine Weltflucht im Sinne indischer Philosophie oder Schwarzmalerin alles Temporären soll euch die Philosophie sein, sondern ständige Lebensbegleiterin und Überwinderin aller realitätsfeindlicher idealistischer Glaubenskonzepte. Übt euch in Resilienz sowie Resistenz und lernt, unveränderbare Dinge als solche voller Stolz zu akzeptieren, aber gleichzeitig Variablen zu erkennen und dieselben im Sinne der Vernunft zu verändern. Im Glück seid maßvoll, im Unglück hart und besonnen. Erinnert euch an eure Kindheit, an eure philosophische Kindheit! Ihr wart verwundert und hinterfragtet Dinge, welche euch heute fälschlicherweise als unabänderliche Zustände gelten und von denen ihr zu großen Teilen lediglich glaubt, sie wahrhaftig zu verstehen. Diese Degradierung des Menschen zum mechanischen Objekt, muss durch den Geist der Kindheit und der Jugend gebrochen werden, wie jener einst durch die Erziehung zum unreflektierten Glauben gebrochen wurde! Der starke und tüchtige Charakter eines jeden muss sich mit aller Härte dagegen wehren, immer nur nachzusprechen und nachzuahmen, anstatt endlich einmal im wahrhaftig Kant'schen Sinne nachzudenken. Hinfort mit der ausschließlichen Bewunderung des Fremden unter der Verschmähung des Eigenen als trostloses und langweiliges Ist – was treibt es euch, denen noch das Eigene unbekannt ist, schon in die Ferne? Kraft des eigenen Geistes und des Willens muss es dem Menschen gelingen, sich von seinen unbedeutenden Sorgen und seinem überflüssigen Ballast zu befreien, um sine ira et studio durch seine stetige, progressive Entwicklung wahrhaftig Mensch zu werden und neben der Gegenwart auch die Zukunft positiv zu affizieren, in welcher dieser Prozess durch die auf ihn Folgenden Generationen ad infinitum fortgeführt werden muss, um gemäß der Festestellung, dass die Besserwerdung der Welt zu einem großen Teil in der Besserwerdung des Menschen als dessen Former und Gestalter liegt, eine Zukunft zu schaffen, die die Gegenwart in jeder ihrer positiven Eigenschaften überragt und alle Fehler derselben über Bord, auf den Grund des ewigen Meeres der Historie, wirft.